LE
CRI SUPRÊME

OU

LE BLEU, LE BLANC ET LE ROUGE

SUIVI

1° DE LA DÉCLARATION DES DROITS DE L'HOMME,
2° DE LA CONSTITUTION DU 24 JUIN 1793,
3° DE LA CONSTITUTION DU 5 FRUCTIDOR AN III (22 AOUT 1795.)

PAR

AMÉDÉE VERBRIE.

> On nous disait, il y a quelque temps : Si la
> France est sage, elle aura la paix. — Et nous,
> maintenant, nous disons à l'Europe : Si elle
> est sage!...
> ARMAND MARRAST.

Prix : 75 centimes.

PARIS.

CHEZ M. LEPAULT, ÉDITEUR,

RUE ET PLACE BRÉDA, 23;

ET CHEZ TOUS LES LIBRAIRES ET MARCHANDS DE NOUVEAUTÉS.

MARS 1848.

AVIS DE L'ÉDITEUR.

La première Révolution de 89 eût son chant patriotique... *La Marseillaise!* œuvre aussi énergique que sublime.

La Révolution de 1830 eut la *Parisienne*, œuvre aussi *pâle* et *décolorée* que le fut, peu de temps après le soleil de juillet sur les destinées de la France pendant dix-sept ans.

La Révolution de 1848 n'a pu être en arrière... elle si belle, si grande, si sublime, et dont le souffle remue le monde entier ! elle a son poëte, Amédée Verbrie (1). Nous ferons, dans les premiers jours de la semaine prochaine, paraître cette œuvre, dont la partie musicale a été confiée à M. Félicien David, l'auteur du *Désert*. Cette œuvre a pour titre :

HYMNE HÉROIQUE DU PEUPLE DE PARIS
A TOUTES LES NATIONS,
DÉDIÉ AUX OUVRIERS DE PARIS.

—

APRÈS CETTE BROCHURE, le citoyen AMÉDÉE VERBRIE, qui n'a jamais prêté serment à aucun gouvernement et qui n'a jamais occupé aucune place, mû par le patriotisme le plus vrai et le plus désintéressé, fera paraître une seconde brochure intitulée :

LE NOSTRADAMUS POLITIQUE
OU
LES PRONOSTICS SUR LA RÉPUBLIQUE.

Cette *Brochure* aura un côté bien curieux, et le voici :

Le citoyen AMÉDÉE VERBRIE savait, sans y ajouter foi, depuis quatre ans, la chute de Louis-Philippe, après dix-sept ans de règne, et peut, à cet égard, produire le témoignage de cent personnes. La curiosité du public s'empressera de nous demander... comment ? Nous répondrons : « Cet auteur s'étant occupé d'un travail sur l'*Histoire de France*, chercha, par « l'imagination des chiffres, à calculer tous les interrègnes depuis le commencement de la « monarchie jusques et y compris le règne de Louis-Philippe. Par un heureux hasard, cet au- « teur, par le même calcul, par la même opération, est arrivé *juste* à connaître la durée de « tous les nouveaux pouvoirs, et son calcul l'a servi assez pour que *chaque avénement* se soit « *justifié* dans sa durée. »

Le citoyen Amédée Verbrie communiquera donc, dans sa *seconde brochure*, cette observation au public ; et, sans qu'il offre ce travail comme un article de foi (en priant même de n'en faire qu'une distraction ou qu'un amusement), chacun pourra faire le *calcul* relativement à *l'ordre de choses actuelles.*

---

(1) Le citoyen Verbrie fera mettre incessamment sous presse deux volumes de Poésie, contenant 1,100 pages grand in-8º.

LE CRI SUPRÊME.

Le Génie de la France.

Le génie de la France est la liberté.

La liberté est la grande expression de l'intelligence, et, dans l'ensemble des faits providentiels, elle crée au sein palpitant des peuples ce foyer dont la lumière est toujours celle de la vérité.

La liberté n'est pas une invention humaine ; c'est un présent du ciel : elle est née au berceau du monde, et fut mêlée à la vie universelle, c'est le cri suprême !

La liberté fortifie l'âme ; elle grandit les hommes, et en fait des géants dont le souffle agite et remue le monde, sous le drapeau de la République française : bleu, blanc et rouge.

Souveraineté du Peuple et Droits de l'Homme.

La souveraineté du peuple est de droit naturel : elle rentre dans le système et le mouvement de l'ordre éternel. Si cette souveraineté nous a été ravie pendant des siècles, elle n'en existait pas moins : pour son application et son développement, le peuple n'a jamais eu besoin que de faire valoir ses titres. De ce principe, il est facile de déduire qu'en naissant, l'homme a droit à la liberté

comme à l'air et à la lumière, mais à la liberté mise en harmonie avec sa propre sûreté et sa dignité. Comme conséquence,
on déduit encore que l'homme, soit en versant son sang pour
la défense du pays, soit par son invention ou son travail, soit en
participant aux charges de l'État par sa fortune, a droit aux fonctions et aux dignités; et telle est la puissance de ce droit, qu'il est
du destin de tout pouvoir organisé, dans l'intérêt d'une portion
privilégiée du peuple, de tomber dans un temps donné, et pourquoi? parce que, comme résultats généraux, la *voix* du peuple est
celle de la *justice* et de la *force*, et les masses qu'elle agglomère,
entraîne et renverse, comme un fleuve impétueux dont on a ré-
tréci le lit, et qui déborde pour reprendre son niveau.

Établir un pouvoir pour quelques privilégiés, et l'expérience le
prouve, est un vertige... c'est se mettre sur le bord d'un torrent
pour être emporté, et servir de débris heurtant et déchirant le
rivage.

Plus de Monarchie.

Les monarchies sont usées; tous ses chefs d'esclaves, d'affidés,
de courtisans et de fonctionnaires, au sein calleux et gangrené ont
toujours été les ennemis du peuple, et n'ont présenté jusqu'à nos
jours qu'une série de révoltes contre les droits des nations, en fa-
çonnant, par la corruption, la supercherie ou la violence, des gouvernements à leur profit. Les voilà les *perturbateurs* et les *aveugles!*...
Quand tombe la dépouille, le bras vengeur du peuple met tout à
découvert!!!

> Quand l'orage noircit, que le tonnerre gronde;
> Que l'oiseau, dans les airs, va dans le fond des bois,
> Le Tigre et le Lion... dans la grotte profonde,

Sait-on qui va frapper, des sujets ou des rois,
    La foudre menaçant le monde ?

Le parvenu puissant, le fat, l'ambitieux,
Tous ces êtres encore, et de sang et de boue,
N'ayant pour l'ouvrier qu'un œil capricieux,
Connaissent-ils le jour où le peuple bafoue
    Tous ces courtisans orgueilleux ?

Par mille événements, quand brisé... tombe un trône,
Et qu'un roi descendu n'est pas même un sujet,
Fasciné par l'orgueil, en portant la couronne,
Connaît-il du destin l'inexorable arrêt,
    Sans que son heure au beffroi sonne ?

Non... plus de monarchies ; elles sont incorrigibles, quels que soient les exemples ! L'enivrement les emporte à *s'individualiser* et à se *personnifier;* ce qui faisait dire à Varron, après la déchéance des rois de Rome : *Qu'il fallait que le peuple ignorât bien des choses vraies et qu'il en crût bien des fausses.*

Ce qui a retardé l'Émancipation.

L'égoïsme et l'hypocrisie ont été le grand ressort des lois anciennes et modernes. Les historiens, soit par crainte, soit par intérêt, n'ont jamais pénétré dans ce bourbier dont l'eau paraissait claire à la surface, mais qui, agitée, n'aurait plus montré que la vase et la fange. Si une pareille histoire eût été faite, les anciens pouvoirs auraient eu moins de durée, parce que l'histoire est le *lait* de l'intelligence, et la page où les peuples opprimés vont chercher leurs titres pour secouer le joug et ne pas être asservis à des hommes dont ils sont les victimes et la pâture.

L'histoire française jusqu'à Voltaire n'est qu'un mensonge, et ce n'est pas une histoire : c'est une chronique nuancée au gré du pouvoir, chronique flatteuse des monarques, ne parlant qu'avec charlatanisme de leurs actions, et empâtant de couleurs vives leurs hauts faits ; pour plaire... parlant de leurs amours, de leurs intrigues, et, pour terminer le tableau, mettant en relief chaque figure plus ou moins insignifiante de la famille... Et le PEUPLE OU EST-IL DANS L'HISTOIRE?... il est oublié!!! Et pourquoi est-il oublié? Écoutez bien, et gravez dans vos mémoires ces paroles : C'ÉTAIT POUR FAIRE PERDRE AU PEUPLE JUSQU'A L'IDÉE DE SA PUISSANCE.

Sachez, ô vous qui me lirez, que c'est par l'histoire que les peuples se placent sur la route du *progrès;* mais on ne voulait point de progrès : *ignorance* et *superstition,* telle était l'âme des gouvernements jusqu'à la première révolution française.

A dater de cette époque, le peuple a commencé de lui-même son histoire ; il a posé à des heures différentes ses jalons, et, dans les temps marqués, quand les Renards aux manteaux de pourpre et les Geais aux plumes de Paon ont cru surprendre dans son sommeil et étouffer le Lion (le peuple), il s'est levé en secouant les gouttes de rosée de sa crinière ; il a bondi... et tout a disparu comme une vaine poussière : ainsi se trouvent marquées les époques de 1793, de 1830, et la plus glorieuse de toutes les époques, celle du 24 FÉVRIER 1848.

Les Écrivains et les Orateurs

Si le peuple a commencé de lui-même son *histoire moderne,* c'est que, pour l'aider et niveler le terrain, il avait entre les jalons qu'il posait ses écrivains et ses orateurs ; mais les orateurs pour qu'ils existassent... il fallait la constitution de 91, celle de 93, celles du 5 fructidor an III et du 22 frimaire an VIII ; il fallait l'acte additionnel aux constitutions de l'empire, une charte en 1814 et un replâtrage de cette même charte en 1830, c'est-à-dire une représentation plus ou moins large, et qui donnât un signe ou un simulacre de vie à la nation sous le *mors* qui la brûlait. Mais, hélas ! si, d'un côté, quelques-uns furent assez désintéressés pour parler d'après leur conscience et entretenir le feu sacré, en prenant la défense du peuple sans le tromper dans son *histoire*, dans sa *force* et dans son *courage*, d'un autre côté, la plupart n'ont jamais fait étalage de leurs discours que pour masquer la vérité, leur ambition et leur corruption. Aussi, après chaque victoire, le peuple, par les nouveaux pouvoirs, était *étouffé* ou *étranglé*.

Ce qui a reculé l'émancipation des peuples tant anciens que modernes, c'est que l'histoire n'a été pour eux qu'un mensonge, et j'en prends à témoin, pour les temps anciens, Cicéron lui-même, ce grand orateur de Rome, qui n'a pas été sans mentir à sa conscience et au monde entier quand il disait : « *Que le sénat romain était l'asile des* PEUPLES, *des nations et des rois.* » Oui, il mentait pour faire une phrase pompeuse, et voiler aux Romains la rapacité et les violences qui déchiraient et meurtrissaient le grand empire.

Ce qui a reculé l'émancipation, en ce qui nous touche, c'est que le petit nombre de nos orateurs plaidant la cause du peuple, qui, dans son sein, recèle toutes les misères et toutes les grandeurs, n'ont pas, malgré leur persévérance, été assez puissants d'éloquence ou n'ont pas eu assez de courage ou de confiance dans les enfants de la France, pour lutter contre cette tourbe d'hommes du pouvoir qui avaient tous descendu leurs mains plus bas que leur conscience et l'honneur.

Quant aux écrivains, le *Père Duchêne*, à la première révolution, n'avait point vendu son patriotisme et sa plume. *Carnot*, sous l'empire, n'avait point traité de sa conscience et de son esprit. *Paul*

Courrier, sous la restauration, ne cessa point de faire une guerre d'avant-garde dont il fut la victime par un lâche assassinat, mais il avait mis en mouvement le gros de l'armée; elle continua sa marche, et arrivèrent les 27, 28 et 29 juillet 1830, révolution où le peuple fut déshérité de sa victoire, dont les patriciens et les renégats de l'époque surent profiter et qui, comme des tigres, n'ont veillé que pour répandre la terreur et le désespoir... pour après bondir et n'apparaître qu'avec le sang et la mort ! ! !

Mais à côté, un grand modèle, un homme d'un caractère vigoureux, droit, grand, consciencieux, et qui n'a fait de la pensée qu'une voie d'enseignement pour la liberté, s'éleva... ARMAND CARREL, dont la vie fut consacrée à plaider la cause du peuple, à éclairer les masses et à découvrir sa poitrine comme le *soldat géant de la liberté!* Honneur et gloire à ce grand homme, sur les cendres duquel la *liberté* alla se pencher le 5 mars... afin de rendre hommage à ses vérités politiques et transmettre à ses contemplations, dans le mystère et l'ombre de la mort, l'œuvre accomplie de la civilisation... par la *République !*

Mais, en parlant d'Armand Carrel, un autre homme se lie à lui, qui, héritant de ses clartés et de son amour de la patrie, a continué sa sainte mission, en jetant sa propre lumière dans les mystères sociaux : je veux parler d'Armand Marrast... Honneur donc à ces deux citoyens qui ont hâté notre régénération !

Honneur et gloire au grand poëte, au puissant orateur, à l'actif et profond administrateur, tournant sans cesse ses regards vers le peuple qui, dans la sublimité de son génie, n'a point une aspiration qui ne produise un chef-d'œuvre... la lumière et la liberté ! Je n'ai pas besoin de citer ici le nom de Lamartine; il est sur toutes les lèvres et dans tous les cœurs, excepté dans les hommes du *Journal des Débats*, dont la France sait et saura faire justice.

Si, de ces trois hommes, l'un est couché dans la fosse avant le temps, afin d'y jouir d'un rayonnement glorieux, les deux autres,

sentinelles avancées, n'en continuèrent pas moins d'être persévé-
rants et fidèles à leur poste... en attendant le gros de l'armée (nous
voulons dire le peuple) sur le seuil d'un nouveau siècle : enfin cette
armée les rejoignit, et combattit, non point pour saluer une révolution comme celle de 1830, à laquelle on donna les derniers sa-
crements avec le *quoique* de M. Dupin, mais pour fonder et établir
l'an de la délivrance 1848, par les journées des 22, 23 et 24 février.

Français ! découvrons-nous tous, saluons l'aurore de l'avenir ! la
République est le piédestal sur lequel s'élève la France ; et la liberté, par sa lumière, ne montrera jamais à notre courage d'autre
chemin que celui de l'honneur, de la gloire et de la confraternité.

Garde à vous !

Ouvriers, élèves des écoles, gardes nationaux, pensez au sang
répandu, pensez à vos frères morts qui, de leurs sépulcres, vous
contemplent : veillez à ce que le sacrifice de leur vie et le sacrifice
que vous faites chaque jour au maintien de l'ordre, de la paix et
de l'union, ne servent point à l'élévation de quelques nouveaux
ambitieux qui, sous le masque de la liberté ou sous la blouse ré-
publicaine, ne viseraient qu'à la fortune, aux dignités et au pouvoir.

De la curée des places, ou les chauves-souris politiques.

Les journaux ont déjà éveillé l'attention du gouvernement provisoire, et tous sont d'accord que la *curée des places* a pour *parties*

prenantes un nombre double et triple de celui que fit surgir la révolution de 1830.

Il faut bien prendre garde à ces dévouements du lendemain qui sont toujours prêts à faire main-basse sur toutes les positions et les places. Sous la République, le temps des complaisances est passé : la bonne foi, les instincts droits et honnêtes, le talent, le mérite et le dévouement à la chose publique, voilà les seuls titres qui doivent prévaloir. Il faut donc que les ministres prennent bien garde de ne point s'égarer dans leurs choix, emportés qu'ils seraient par un tourbillon de *solliciteurs* et de *monopoleurs*, parce qu'ils pourraient rencontrer, dans l'administration, de ces rafales qui, arrêtant la marche de la révolution, produiraient des secousses qui ébranleraient l'édifice.

Nous sommes maintenant sur un terrain politique nouveau, et il faut que les résultats répondent à l'œuvre. La tente de la République est dressée : là maintenant sont nos pénates ! L'autel de la liberté est élevé : là est notre culte !

Sous la tente, il faut implanter nos principes et nos mœurs publiques dans nos mœurs privées ; à l'autel de la liberté, il faut déposer la foi que nous avons en la République et y entretenir le feu sacré. Pour arriver à ce résultat, il nous faut les prêtres de la liberté, c'est-à-dire des fonctionnaires et des administrateurs, non-seulement dévoués à l'ordre de choses, mais probes, capables, expérimentés et non stériles, afin que si la révolution est inaugurée de fait, elle reçoive aussi, à son berceau, la consécration de ses principes et de son culte par ses propres apôtres.

Les luttes d'ambition sont éteintes ; il ne peut plus y en avoir qu'une seule... celle de chercher les moyens d'être utile à son pays, en dehors des intérêts privés, et d'en trouver la récompense dans sa propre conscience.

En terminant, nous voulons constater et mettre en lumière une grande vérité ; ministres, écoutez-la et ne l'oubliez jamais : « Que

« tous ceux que vous appellerez dans la hiérarchie des différents
« pouvoirs soient mûs par un esprit d'ordre, de conservation so-
« ciale, et non des hommes à passions exagérées et téméraires qui
« feraient de la propagande au delà de la République elle-même.
« De pareils hommes officiels inquiéteraient une multitude d'inté-
« rêts à conserver, et le trouble qu'ils occasionneraient rejaillirait
« sur ceux-là même qui les auraient envoyés pour accomplir notre
« grande œuvre... la liberté et la sécurité. Ce qu'il faut, c'est le
« patriotisme uni à la sagesse, la force à la modération, et le bien
« public au règne bien sincère du peuple souverain. »

Nous savons qu'à une régénération politique il faut des hommes
nouveaux, car « le pouvoir méprisable (ainsi que le dit le citoyen
« Ledru-Rollin, ministre de l'intérieur), que le souffle populaire a
« fait disparaître, avait infecté tous les rouages de l'administration,
« et ceux qui ont obéi à ses instructions ne peuvent servir le
« peuple. »

Nous sommes parfaitement d'accord, et la nation n'aura plus
sous les yeux tous ces hommes indignes et flétris qui saluaient
chaque soleil levant, et qui ont détruit eux-mêmes leur force morale par tous leurs serments. Alors, parjures sous tous les gouvernements auxquels ils se sont attachés, ils n'ont laissé au sein du
pouvoir, pour tout souvenir, que leur voracité et leur bassesse,
en inoculant au cœur de la nation leur propre mépris et leur
honte.

Si le commerce a ses *banqueroutiers*, la république de **93**, l'empire, la restauration, la révolution de **1830**, eurent aussi les leurs
en politique : car tous ces mêmes hommes, dévoués à chaque pouvoir qui s'élevait, ont fait *banqueroute* à l'honneur, à leur conscience, à la morale et à la dignité de l'homme. C'est pourquoi
depuis la restauration, sous Villèle, et plus particulièrement
depuis la révolution de **1830**, à dater de Guizot, l'administration est tombée si bas. Il nous fallait ce dernier ministre pour

corrompre et gangréner la France, et réduire cette grande et généreuse nation à l'état de cadavre.

Nous aimons dans la circulaire du ministre de l'intérieur, que nous avons citée plus haut, les paroles suivantes adressées aux commissaires des départements : « Moins de rigueurs à l'égard des « fonctionnaires dont le rôle est purement administratif. Vous « devez maintenir ceux qui, étrangers à toute action politique, « ont conquis leur position par des services utiles.

« Cherchant ainsi à demeurer ferme et juste vis-à-vis des agents « placés sous vos ordres, vous en exigerez un concours actif et « dévoué. Ce concours doit tendre à rassurer les esprits timides, « à calmer les impatients.

« Les uns s'épouvantent d'un vain fantôme, les autres vou- « draient précipiter les événements au gré de leurs ardentes espé- « rances. Vous direz aux premiers que la société actuelle est à « l'abri des commotions terribles qui ont agité l'existence de nos « pères ; aux autres, vous direz qu'on n'administre pas comme on « se bat. Le sol est déblayé, le moment est venu de réédifier. »

La nation n'a plus rien à obtenir à main armée.

La révolution est faite, la République est proclamée et reconnue ; il faut actuellement rentrer dans le règne des lois. *Il n'y a donc plus rien à obtenir à main armée :* ce que l'on obtiendrait ainsi produirait l'anarchie et enfanterait les haines, et les partis qui s'élèveraient... tomberaient tour à tour. Les partis armés ne donneraient plus ni sûreté, ni sécurité à la chose publique, et les pouvoirs seraient alors, ainsi que l'observe, dans cette occasion, justement Cicéron, « comme une balle que l'on s'arrache l'un à l'autre, et « qui passe des rois aux tyrans, de l'aristocratie au peuple, de ce-

« lui-ci aux factions, pour finir par retomber aux mains d'un
« tyran. »

La révolution de **1848** a déchiré le titre des monarchies : la
nation est ramenée maintenant à sa juste valeur... il lui appartient donc de montrer le triomphe de son intelligence par le triomphe des lois, et de se préparer avec ordre, gravité et sang-froid,
aux assemblées électorales qui doivent définitivement constituer
le gouvernement et les pouvoirs de la République.

Il est des joies pour chacun et des moissons pour tous.

Le siècle d'argent, ce monument de mensonge au seuil duquel
veillait l'égoïsme, a cessé.

L'égoïsme, cette lèpre qui a dégradé jusqu'à ce jour l'humanité,
va faire place à cet éternel principe, *qu'il est des joies pour chacun et
des moissons pour tous*, et qu'aucun droit n'a pu en déshériter
l'homme. Vous qui avez souffert, croyez-le, vos pleurs vont se
sécher, les grands et les riches vont savoir et être convaincus que
l'organisation du travail étant appliquée aux institutions politiques,
qu'ils ne sont possesseurs des dons de la fortune que pour en ali-
menter le commerce, et pourvoir, par là, aux besoins de l'ouvrier, comme en même temps aux premières nécessités de la vie
du pauvre.

Le mot *aumône* doit être retranché du vocabulaire français. L'aumône n'a jamais pénétré au fond des misères ; elle effleure à peine
les surfaces. L'*aumône* est le denier que laisse tomber l'orgueil, et
qui blesse le caractère de celui qui le ramasse.

Ce n'est donc plus l'*aumône* qu'il faut au pauvre, c'est la vie,
et, pour lui, il faut que l'ordre matériel soit à la hauteur de l'ordre moral. La République crée un nouveau monde... et le jour a

paru, où tous ceux qui étaient enfoncés dans les voluptés épaisses de la fortune, vont voir le privilége de leur considération aboli par l'esprit de notre grande régénération, qui ne laissera plus debout que les actes de vertu et les œuvres du talent et du génie.

Il faut que l'orgueil et l'égoïsme disparaissent, car, au sein de notre nouvelle société, ce serait y laisser en permanence la discorde : en effet, l'égoïsme ne tend pas à la paix et à l'union, mais à la guerre contre toutes les misères, et l'orgueil... à la dégradation morale !

La France ouvre la marche de la vie progressive des peuples : elle est sortie des mouvements divers de la civilisation pour guider le monde entier ; il faut donc que chaque mur mitoyen s'abaisse devant les besoins de l'ouvrier et du pauvre ; il faut que les bourses s'ouvrent devant le malheur et les rigueurs d'un mauvais sort, afin d'unir avec amour l'homme de bien au sort de ses frères, et montrer à l'univers que la France a sonné les trompettes de Jéricho, et que les murailles de l'égoïsme, de l'orgueil et des préjugés se sont écroulées pour ne laisser place qu'aux droits de la fraternité, de l'alliance et de la réconciliation.

En s'occupant activement, et avec l'abondance d'un cœur qui déborde, du sort des ouvriers, de ces hommes si résolus pendant le péril de nos libertés, nous arriverons à ce résultat en leur assurant le pain quotidien et l'aisance par le travail.

L'Humanité et la Philanthropie nationale et internationale.

Sur le seuil de notre révolution sont debout la raison et la paix, qui maintenant descendent, libres et splendides, aux conseils des peuples. Si la France s'est servie du glaive des combats pour reconquérir, dans les journées des 22, 23 et 24 février, ses droits et sa liberté, elle a remis son glaive dans le fourreau en déclarant, par le *manifeste* du ministre des affaires étrangères, « que la pro- « clamation de la République française n'est un acte d'agression « contre aucune forme de gouvernement dans le monde ; que la « guerre n'est pas le principe de la République, comme elle en « devint la fatale et glorieuse nécessité en 1792 ; qu'entre 1792 et « 1848 il y a un demi-siècle ; que revenir, après un demi-siècle, « au principe de 1792 ou au principe de conquête de l'empire, « ce ne serait pas avancer, ce serait rétrograder dans le temps. La « révolution d'hier est un pas en avant, non en arrière. Le monde « et nous, nous voulons marcher à la fraternité et à la paix. Si la « situation de la République française en 1792 expliquait la guerre, « les différences qui existent entre cette époque de notre histoire « et l'époque où nous sommes expliquent la paix . . . . . « . . . . . . En 1792, les idées de la France et de l'Europe « n'étaient pas préparées à comprendre et à accepter la grande « harmonie des nations entre elles, au bénéfice du genre humain. »

Plus loin le ministre ajoute : « La raison rayonnant de par- « tout, par dessus les frontières des peuples, a créé entre les « esprits cette grande nationalité intellectuelle qui sera l'achève- « ment de la révolution française et la constitution de la fraternité « internationale du globe.

« Mais en dehors de ces considérations désintéressées, l'intérêt « seul de la consolidation et de la durée de la République inspire- « rait aux hommes d'Etat de la France des pensées de paix. La « République française n'intentera donc la guerre à personne. »

On voit que le gouvernement provisoire marche d'accord avec l'opinion, qui a pris pour devise *humanité* et *philanthropie*. Ce qui vient de se passer dans les grandes journées de février élargit la voie du présent et ne donne plus de bornes à l'avenir ! Nous ver- rons à côté du piédestal des Alexandre, des César, des Charle-

magne, s'élever enfin la pyramide de l'humanité et de la philanthropie, sur laquelle vont s'établir les Nestórs appelés à gouverner
le monde, en faisant dissiper, comme une vaine poussière, la gloire
de ces hommes géants sur le front desquels n'ont passé que des
orages pour détruire les peuples par leur foudre de guerre... et
garotter des nations muettes ! ! !

Par la France, l'Europe va sortir de son immense sommeil : sur
le navire des différents gouvernements, elle est le pilote vigilant
qui annonce au loin un soleil nouveau, sous les rayons duquel ne
battront que des cœurs de frères, pour ne faire des citoyens qu'une
même famille, des Etats qu'un même berceau, et du monde entier qu'une même patrie, sous l'étendard sympathique de la fraternité, de la paix, de la liberté et de l'humanité.

L'Union.

L'union est notre rempart contre les dangers de l'extérieur, et
l'unique moyen de concilier tous nos intérêts et de conserver la
paix au milieu de nous.' Les factions sont funestes dans tous les
gouvernements, et plus encore dans les républiques, parce
qu'elles sont plus téméraires. Pour l'union intérieure, il faut de
la sagesse et de l'énergie; c'est là d'où dépendent toutes les libertés et la paix intérieure. Il ne faut plus s'occuper des souf-
frances passées, mais du bonheur à venir, par une allure régulière
et décisive. Le sort de la France dépend du grand *contrat social*
que l'Assemblée constituante est appelée à dresser sous l'action et
la présence du peuple ; c'est donc par notre union que grandiront
les droits comme les pouvoirs de cette assemblée.

Par l'*union*, nous montrerons au monde cet esprit d'indépen-
dance nécessaire pour fonder nos libertés. Par l'*union*, tous les

choix des représentants et les délibérations auront pour eux la force et la dignité que donne le sang-froid ; alors la raison dominera les passions, et de partout s'élevera ce sentiment de justice qui doit marcher l'égal de la liberté, parce que *justice* et *liberté* ne sont qu'un même sens et qu'un même drapeau.

La nation française est faite pour l'union, parce qu'elle ne recèle que des hommes courageux ; il n'y a que les intrigants et les nullités qui ont besoin de l'*esprit des factions*, du *trouble* et de la *surprise*, afin qu'on ne puisse, à l'arbre balancé par le vent, distinguer le bon fruit du fruit véreux.

Oui, la nation française est faite pour l'*union*, parce qu'elle est grande, noble et généreuse, et que, dans le cœur de ses enfants, coule le sang des héros ! Si pendant la tempête elle fait briller le fer devant les tyrans, la violence et l'insulte... quand l'orage est éloigné, elle passe, sans effort, des inspirations les plus ardentes et les plus inévitables, à cette dignité calme qui fonde les empires, la liberté et la gloire.

De l'Étranger.

Le manifeste de M. Lamartine a dû remplir les vues de la France. Cette pièce diplomatique, pleine de modération, de calme et de dignité, est la circulaire la plus imposante sortie de la sagesse humaine : on y chercherait en vain la déclamation. Il n'y a, dans ce manifeste, ni rapsodie, ni travail excessif de raisonnement, ni voix forcée, ni confusion d'élocution... c'est l'énonciation claire et ferme de la différence entre 1792 et 1848, et l'explication, aux yeux du monde entier, que la France a repris son rang au milieu des nations, à l'endroit que la Providence lui avait marqué.

La République, par ce manifeste, reçoit pour ainsi dire son sacre ; et le *Journal des Débats* aura beau recourir à son ancienne

2

tactique, en disant « que la logique et la raison y ont fort à re-
« prendre, que c'est une parole de poëte, une rêverie, » il n'en
ôtera jamais ni le mérite ni la grandeur. Cependant le *Journal des
Débats*, qui a salué tous les gouvernements, n'a point fait faute à
la révolution de 1848, malgré le renversement de son patron de
prédilection. L'un des premiers, il a dit : « Quoi qu'il arrive, on
« peut compter sur notre dévouement à la patrie, » comme on
pouvait compter sans doute sur tous ses autres dévouements.

Nous voulons bien croire que le *Journal des Débats*, après avoir
aidé et concouru à la perte de la dynastie, ne voudrait pas,
consciencieusement, s'immiscer dans les affaires de la République,
et personne ne doit en être fâché, car, soit dit en passant, le
Journal des Débats a porté malheur à tous ceux qu'il a servis. Aussi,
en jetant de la défiance par ses articles, « et estimant heureux ceux
« qui ne sentent point leurs cœurs déchirés par le doute, et ceux
« qui distinguent leur voie au milieu de cette obscurité redou-
« table » (Numéro du 6 mars); le *Journal de Débats*, dis-je, par
ses craintes et son persiflage, nous produit la preuve la plus évi-
dente que la République est instituée à vie, qu'elle est grande, forte
et inébranlable, et que rien ne pourra nuire à l'ordre intérieur et
à la paix à l'extérieur.

Maintenant, voyons plus loin : qui pourrait nous troubler à notre
réveil? Il n'y aurait que quatre puissances, savoir : l'Angleterre,
l'Autriche, la Prusse et la Russie. Voyons.

L'Angleterre? c'est ainsi qu'elle juge notre révolution dans un
des journaux les plus importants, le *Times* : « Ce qu'il y a de
« mieux à faire pour tous les partis, c'est de soutenir les membres
« du gouvernement provisoire. C'est la marche la plus sûre, c'est
« le bon sens lui-même; il faut, de toute nécessité, fortifier le
« nouvel état de choses. »

Le *Morning Herald* s'exprime en ces termes : « Le gouvernement
« provisoire de France (il ne saurait y avoir qu'une voix à cet

« égard) procède avec calme, jugement et modération. S'il marche
« droit et ferme dans cette voie, non-seulement la France, mais
« l'Europe entière, lui devra des actions de grâces pour la manière
« dont il aura rempli ses devoirs les plus difficiles et les plus dé-
« licats. » (*Moniteur du soir*, du 9 mars.)

Sir Robert Peel, à la chambre des communes, a dit : «Je suis
« convaincu d'une chose, c'est que la véritable politique de l'An-
« gleterre lui prescrit de s'abstenir, de la manière la plus com-
« plète, la plus absolue, de toute intervention dans les affaires
« intérieures du pays où cette étonnante révolution sociale a eu
« lieu. » (Applaudissements sur les bancs de la chambre.)

D'ailleurs, l'Angleterre a assez à faire dans son propre pays;
l'Irlande n'est-elle pas là pour l'occuper? et de plus... les troubles
sérieux de Clasgow et de Londres, occasionnés par les *chartistes*. En
tous cas, les événements de Février ne laisseront point l'Angleterre en dehors de leur force et de leur puissance, et notre révolution pèsera avant peu de temps dans ses destinées.

Vient ensuite l'Autriche : cette puissance nous attaquera-t-
elle? Mais Vienne vient de répondre à l'appel de Paris, et la démocratie coule à pleins bords de Paris à Vienne, et de Vienne à
Berlin. Metternich, ce vieil oripeau de la monarchie et de l'absolutisme est en fuite comme son digne émule Guizot, ainsi que
l'archiduc Louis. Les massacres de Tarnow et ceux plus récents
de Milan sont vengés... maintenant laissez passer la justice des
peuples... L'Italie est libre par les journées des 18, 19, 20, 21
et 22 mars.

La Prusse agira-t-elle? mais la révolution est faite à Berlin : on
a dépavé les rues, fait des barricades et rompu les ponts. La Ba-
vière, la Saxe, la Hongrie, le Wurtemberg, tous les peuples de ces
États ont compris les principes magnanimes de notre Révolution.
La liberté, cette irrésistible puissance, rompt partout les digues ! et
nous sommes arrivés à cette heure fatale où les rois ne peuvent

plus jeter de défi aux peuples. Au surplus, voyez comme tout se complique et comme toutes les dynasties sont menacées d'une chute inévitable? Voyez ce qui s'est passé à Neufchâtel; ne perdez point de vue Cologne, et ce que le peuple a exigé du conseil communal assemblé à l'Hôtel-de-Ville.

1° La législation et l'administration par le peuple, le suffrage et l'éligibilité universels dans la commune et dans l'État;

2° La liberté sous conditions de la parole et de la presse;

3° L'armement général du peuple avec des chefs élus par lui;

4° La liberté complète de se réunir;

5° La complète éducation des enfants aux frais de l'État.

Un journal allemand, intitulé *Gazette libre*, vient de paraître; il appelle la nation allemande à l'unité et à la liberté.

Voulez-vous plus? Voyez ce que le peuple allemand adresse à la diète germanique, surnommée *machine d'enrayage*. Le peuple dit que « les princes ont menti à leurs serments depuis la campagne de Leipsick, quand... là ils s'agenouillèrent dans les plaines inondées de sang, en jurant d'accorder la liberté à leurs peuples, tandis que depuis cette époque ils n'ont accumulé sur la nation allemande que l'oppression, l'ignominie et la honte. » Le peuple allemand déclare qu'il n'a aucune crainte de la nation française, qu'il trouve en elle une garantie plus sûre de la liberté que dans les promesses mensongères de ses princes.

Partout la France a le cœur des peuples, et ce qu'elle devait autrefois à sa gloire, elle le devra désormais à la puissance de la liberté dont elle représente l'immortelle grandeur.

A Wiesbade, le duc a tout accordé. On se rappelle qu'il était parti de ses États; à son retour, le 3 mars, il a dit au peuple, du haut de son balcon : « Je confirme tout ce qui, en mon absence, « a été promis par ma mère, mon frère et mes ministres. » Alors, s'adressant aux chefs des troupes, il leur dit : « Rentrez « avec vos hommes dans la caserne. »

Le grand duc de Bade, le duc de Nassau et la ville libre de Francfort, ont accordé la liberté de la presse; enfin toute l'Allemagne rhénane est palpitante de liberté... et le fruit mûrit.

Vient en dernier la Russie; mais depuis 1815 elle pèse de son absolutisme sur toute l'Allemagne : personne n'ignore son mauvais vouloir. L'empereur Nicolas n'est pas Dieu, qui dit : « Que la lumière se fasse; » mais il est l'homme disant : « Que les ténèbres se fassent... » mais elles ne se font pas. Pour nous atteindre, il faut traverser l'Allemagne, et si l'on s'y prêtait, à quoi serviraient donc les révolutions ou les réformes qui s'opèrent dans toutes ces vieilles capitales, si la Russie venait inonder de ses hordes le sol où la liberté prend racine, et qui n'attend qu'un rayon de soleil pour grandir.

D'ailleurs n'y a-t-il pas une résurrection qui va sonner? L'écho des journées de Paris, de Vienne et de Berlin ne va-t-il pas faire sortir la Pologne de la nuit des tombeaux? et l'heure n'est peut-être pas éloignée où Saint-Pétersbourg et Moscou vengeront Wilna et Varsovie; d'ailleurs la vague populaire demain menacera le czar.

Je finis ce chapitre par la citation d'un passage du *Journal du Commerce* (10 mars) :

« Le manifeste de M. Lamartine replace la France au rang qui
« lui est dû auprès des puissances étrangères. La circulaire de
« M. Ledru-Rollin a balayé d'un seul coup dix-sept années de
« corruption, comme M. Lamartine a effacé d'un seul trait de
« plume dix-sept années d'avilissement et de honteuses conces-
« sions. »

Question du Travail.

La question du travail est d'une trop haute portée pour pouvoir aujourd'hui en présenter la solution. Nous nous bornerons donc aux considérations présentées par M. Louis Blanc, membre du gouvernement provisoire et président de la commission des travailleurs. On ne peut trop recommander aux ouvriers de se pénétrer d'aussi belles paroles ; c'est pourquoi nous les retraçons ici :

« Les questions à résoudre ne sont malheureusement pas faciles. En touchant à un seul abus, on les menace tous. D'une extrémité de la société à l'autre, le mal forme comme une chaîne dont il n'est pas possible d'ébranler un anneau sans que toute la chaîne s'agite.

« Voilà la difficulté de la situation ; elle n'est pas médiocre.

« Pour vous en donner un exemple frappant, le lendemain de la Révolution, qu'a demandé le peuple ? La diminution des heures de travail : réclamation touchante, fondée sur des *considérants* héroïques. Nous demandons, a dit le peuple, une diminution des heures de travail, pour qu'il y ait plus d'emploi à donner à nos frères qui en manquent, et pour que l'ouvrier ait une heure, au moins une heure, pour vivre de la vie de l'intelligence et du cœur.

« Voilà ce qui nous a été dit ; et sur-le-champ, sans hésitation cette fois, après avoir pesé franchement avec le cœur la portée d'un pareil acte, nous avons dit : Il faut que cela soit, cela sera ; advienne que pourra ! Car l'homme ne saurait être considéré comme une machine ; et si le progrès, tel que nous le rêvons, tel que nous espérons le réaliser graduellement, si ce progrès s'accomplit, il faudra qu'un jour, dans la répartition des heures du travail, l'intelligence et le cœur aient une plus grande part que le corps, parce que la meilleure partie de l'homme, c'est son intelligence et son cœur.

« Mais quoi ! diminuer outre mesure les heures de travail, n'est-ce point porter atteinte à la production, pousser au renchérissement des produits, resserrer la consommation, courir risque d'assurer, sur nos marchés, aux produits du dehors, une supériorité qui, en fin de compte, pourrait tourner contre l'ouvrier lui-même? Ne dissimulons rien : c'est là une objection qui a quelque chose de fort sérieux. Elle prouve que les travailleurs ont intérêt à apporter de la mesure dans leurs réclamations les plus légitimes; elle prouve que, pour être promptement réalisables, les vœux populaires ne doivent pas être trop impatients; elle montre enfin jusqu'à quel point, dans l'organisation économique actuelle, tout progrès partiel est difficilement réalisable.

« Que d'exemples ne pourrais-je pas en fournir? Vous savez quelle concurrence meurtrière et immorale les machines font au travail humain, et combien de fois, instrument de luttes aux mains d'un seul homme, elles ont chassé de l'atelier ceux à qui le travail donnait du pain. Les machines sont un progrès pourtant. D'où vient donc cette tragique anomalie? Elle vient de ce qu'au sein de l'anarchie industrielle, qui règne aujourd'hui, et par suite de la division des intérêts, tout se transforme naturellement en arme de combat. Que l'individualisme soit remplacé par l'association, et l'emploi des machines devient aussitôt un bienfait immense, parce que, dans ce cas, elles profitent à tous, et suppléent au travail sans supprimer le travailleur.

« Mais, encore une fois, rien de plus difficile, rien qui exige des méditations plus profondes, une prudence plus attentive. La précipitation ici pourrait être mortelle, et, pour aborder de tels problèmes, ce n'est pas trop de la réunion de tous les efforts, de toutes les lumières, de toutes les bonnes volontés. »

M. Gustave de Beaumont, membre de l'ancienne opposition de la Chambre, dit, dans une circulaire adressée à ses concitoyens du département de la Sarthe :

« L'amélioration du sort des travailleurs est, sans contredit, le premier besoin des temps modernes; c'est la première des nécessités, parce que c'est la première des justices. Nous vivons dans un temps où la condition essentielle de la puissance d'un peuple, c'est la richesse, et la richesse... c'est le travail. Il est juste que la société soit libérale envers ceux qui font sa force. Il est nécessaire que le sentiment de fraternité, qui unit tous les hommes et qui existe dans nos mœurs, pénètre dans nos lois, et désormais la constitution doit avoir pour base le grand principe de solidarité qui lie entre eux tous les membres du corps social. Pour moi, j'ai toujours pensé qu'à côté de la liberté, âme de toute industrie, il fallait placer l'association. J'ai toujours pensé que, tout en laissant le travail libre, il fallait protéger le travailleur par un ensemble d'institutions salutaires qui, en le prenant au berceau et l'accompagnant dans toutes les vicissitudes de la vie, le suivissent jusqu'à la tombe. Ce grand pouvoir social, dont aucun des gouvernements antérieurs n'avait eu l'intelligence, la République l'a compris; mais il importe beaucoup qu'en entrant dans cette voie elle se préserve d'un écueil placé sous ses pas. Il faut qu'elle prenne bien garde, en *organisant le travail, de détruire la liberté;* il faut qu'elle prenne bien garde, en *augmentant arbitrairement le salaire, de supprimer le travail;* car il y a pour l'ouvrier quelque chose de *pire* qu'un *salaire modique,* c'est *l'absence* de tout *travail,* c'est-à-dire de tout salaire. C'est là qu'est le danger véritable de la situation.

En présence d'un ébranlement extraordinaire, suivi tout aussitôt d'un rétablissement plus merveilleux encore, on peut dire, sans exagération, que la couche politique de la société a été à peine troublée; mais ce qui est menacé d'une perturbation profonde, c'est la zone économique de la société, c'est le commerce, c'est l'industrie, c'est la liberté de transactions; ce qui pourrait être mis en péril, c'est la source même de la richesse publique et de la force nationale, c'est l'élément essentiel du bien-être de tous, c'est le capital qui donne le travail et le salaire, c'est la confiance qui seule met en circulation les valeurs que la crainte y enfouissait; c'est, en un mot, la *liberté* sans laquelle il n'y a ni capital *fécond,* ni travail *productif,* ni salaire *régulier.*

Nous pensons, dans une question d'un intérêt si grave, qu'il ne faut point que les ouvriers, dans leur élan, demandent une solution trop précipitée. Nous pensons encore que le meilleur moyen d'y arriver, est que l'ouvrier (en modérant l'augmentation de salaire, et quel que juste que soit sa demande) reprenne au plus vite ses occupations, afin que la lumière se fasse et que chacun puisse reconnaître son chemin... sans quoi, on pourrait trouver à chaque pas une complication sans issue.

Nous terminerons par cette vérité de M. Émile de Girardin : « Il faut que la fraternité, l'égalité et la liberté laissent dans l'histoire d'autres œuvres que des barricades, d'autres monuments que des pavés. »

Des Élections.

Il n'est pas suffisant pour la France d'avoir conquis sa liberté, il faut savoir la conserver. L'élan, l'ardeur, l'enthousiasme peuvent se trouver dans tous les cœurs, mais la *sagesse* qui mûrit n'est point dans tous les esprits, et l'histoire nous a révélé, plus d'une fois, que les lauriers d'une victoire et d'une conquête avaient été souvent ternis par l'œuvre du lendemain. Nous avons voulu être libres, et nous le sommes ! Le but que nous nous étions promis est atteint ; mais pour conserver ce privilége entre les nations et le faire triompher, il ne faut pas qu'un zèle mal entendu compromette le sort de l'État.

Après la victoire, il faut, sans désemparer, établir, constituer et perpétuer les libertés publiques. Cette tâche est ce que l'esprit humain a de plus élevé ; mais ce que l'esprit humain a aussi de plus difficile à remplir... c'est l'œuvre de l'Assemblée constituante. Cette assemblée étant le produit des élections, il faut donc, à cet égard, que les citoyens, par leurs choix, se mettent à la hauteur d'une pareille solennité qui va donner une nouvelle vie, non-seulement à la France, mais au monde entier.

Afin que les citoyens soient à la hauteur de leur mission, il ne faut point de tiraillement intérieur ; il ne faut point que l'ouvrier, après une aussi belle victoire, se laisse égarer ou par de *perfides conseils*, ou par des *exagérations* qui, au milieu de notre régénération, deviendraient les miasmes altérant et corrompant la pensée publique.

Il ne faut pas que l'ouvrier suspende ses travaux, parce que la République a besoin des efforts comme de l'union de tous, et que cette suspension entraîne des divisions qui inquiètent l'ordre, cause des défiances, et finirait par devenir un obstacle à la liberté pour laquelle même on a combattu. Ces premiers moments sont des jours de *sacrifice* pour *tous* : sacrifice d'argent, dans l'intérêt commun ; sacrifice de temps, retiré aux affaires personnelles, pour veiller à la sûreté générale.

Afin de nous préparer aux élections, disons avec M. Quinet, qui n'est rentré dans sa chaire qu'au nom de la République : « Arrachons de nos cœurs toute pensée personnelle, tout calcul médiocre, comme le dernier anneau des chaînes que nous avons portées. »

Ouvriers ! au nom de la patrie que vous aimez, au nom de la liberté pour laquelle vous avez donné et répandu votre sang, et dont chaque goutte a été un triomphe, rentrez dans vos ateliers ; on ne peut avoir vos vertus et votre courage, sans être, après la victoire, calme et conciliant. Que la bonne harmonie règne entre vous et ceux pour lesquels vous travaillez, parce que, ainsi que nous l'avons dit plus haut, la République a besoin des efforts comme de l'union de tous... et entendez bien, nous avons besoin de vous, de votre calme, de votre esprit droit et ferme pour les élections, afin de ne pas voir figurer à la chambre constitutive des candidatures comme celle du courtisan et ambitieux abbé

Olivier, évêque d'Orléans, âme damnée de la dynastie déchue, et croyant plus aux vanités et aux plaisirs du monde qu'à Dieu et à la République, ni un abbé de Guerri, qui, pour se donner une valeur de cour, a séparé les deux premières lettres de son nom... lui, simple fils du plus modeste artisan de Lyon !... mais dont la nomination à la cure de Saint-Eustache n'eut jamais l'approbation de ceux dont la mémoire n'avait pas perdu le souvenir de Marseille et de la rue Castiglione à Paris. (Voir le journal la *Liberté* pour la candidature de ces deux citoyens.)

Du Gouvernement, de la République et de la Démocratie.

L'épée étant rentrée dans le fourreau, il faut nous tourner vers une organisation sociale qui assure le bonheur du peuple. Ce que les nécessités du danger suggèrent pour la défense commune, et après l'action pour calmer les esprits, n'a point cette homogénéité et cette force qui sont les conditions premières de la vie politique et le gage de la perpétuité. Une pareille situation présente un état de choses faibles et décousues ; et il ne faut pas s'en étonner, car c'est une de ces nécessités inévitables et absolues qui se mêlent à l'affranchissement des peuples avant d'arriver à une entière liberté et d'en fonder la *puissance* invincible.

La plupart des journalistes (principalement la *Presse*) ont trouvé que l'on aurait dû rapprocher le jour de la réunion de l'Assemblée constituante : nous ne sommes en aucun cas de cet avis. Nous pensons que le gouvernement provisoire a fait preuve d'une haute sagesse, parce qu'il eût été à craindre, si l'on eût centralisé trop précipitamment le pouvoir, sans donner au peuple le temps de se revoir, de respirer et de s'épancher, que l'on ne vînt aussi à sacrifier une portion même des libertés conquises.... C'est ce qui est arrivé en 1830.

L'époque fixée par le gouvernement provisoire donne le temps aux commissaires du gouvernement de révolutionner les départements, et à la presse d'éclairer toutes les routes, afin que chaque citoyen puisse formuler une opinion en connaissance de cause, et avec ce calme et cette dignité en dehors de tous les excès, libre d'action. De cette manière, l'Assemblée constituante aura d'autant plus de *droits* et de *force* qu'elle sera le produit d'un vote pur, indépendant et consciencieux; vote en dehors du trouble du premier moment, en dehors des passions trop ardentes ou des exagérations, qui ne conviennent jamais à la puissance souveraine d'une nation.

L'œuvre est grande; il s'agit d'assurer au peuple français ses libertés, comme, en même temps, les moyens de force et d'énergie pour faire respecter son gouvernement à l'intérieur et à l'extérieur.

Maintenant il s'agit de savoir si le gouvernement sera *républicain* ou *démocratique*. Ce qui jusqu'alors a mis une grande confusion dans le développement de ces deux espèces différentes de gouvernement, c'est que l'on a toujours confondu une *république* avec une *démocratie*, et que cette confusion existe encore dans la presse et dans les discours que l'on prononce.

Qui de nous n'a pas entendu et n'entend pas chaque jour cette objection, « que le gouvernement républicain ne peut s'approprier et convenir à un pays d'une certaine étendue de territoire? » Une fois cela admis, à défaut d'objections sérieuses et solides, l'esprit s'est mis en travail afin d'y trouver mille difficultés, et l'imagination a fait le reste, en appliquant à l'un de ces gouvernements les objections tirées de la nature de l'autre.

Dans la *démocratie*, le peuple s'assemble et gouverne lui-même. Dans la *république*, il administre par des représentants; c'est pourquoi une *démocratie* doit être bornée à un petit espace, à une ville, par exemple, ou un arrondissement, tandis qu'une *république* peut embrasser le plus vaste pays.

Ce qui a faussé l'opinion en France, c'est que la plupart des écrivains, n'ayant en vue que des monarchies absolues ou limitées, soit par préjugé, soit pour en voiler les inconvénients, ont sans cesse mis en opposition les vices et les défauts du gouvernement républicain, en prenant leurs exemples dans les démocraties turbulentes de l'ancienne Grèce et de l'Italie moderne. Pour cela, qu'a-t-il fallu à ces auteurs? Rien qu'une équivoque dans les termes; et avec cette chimère ils ont trompé les peuples dans leurs croyances et dans leur jugement. La mauvaise foi a été d'autant moins découverte que tous les anciens gouvernements populaires étaient démocratiques, et qu'alors, dans notre France et dans l'Europe, on n'avait pas encore découvert le principe de la *représentation nationale*, et conséquemment d'exemple d'un gouvernement qui fût entièrement populaire et fondé entièrement sur le principe de la représentation.

De ce que nous venons de dire, il résulte que la république, quelles que soient les voix perfides qui s'élèvent contre, peut exister en France et la rendre florissante; et nous dirons ici avec Hamilton : « Mes concitoyens, n'écoutez pas la voix imprudente « qui vous dit que la forme du gouvernement soumis à votre « examen est une nouveauté dans l'ordre politique, qu'elle n'a « encore trouvé place que dans les théories des plus extravagants « novateurs, que c'est une folle tentative dont l'exécution est « impossible. Non, mes concitoyens. Fermez l'oreille à ce lan- « gage impie. S'il faut fuir les nouveautés, croyez-moi, la plus « alarmante de toutes les nouveautés, le plus fou de tous les « projets, la plus extravagante de toutes les tentations, c'est « le poison que l'on voudrait infiltrer dans vos cœurs pour vous « faire perdre de vue les leçons de votre propre expérience. »

Un mot sur les Constitutions.

Nous avions l'intention de joindre à notre brochure les quatre constitutions françaises, savoir :

1° La constitution du 3-14 septembre 1791 ;
2° La constitution du 24 juin 1793 ;
3° La constitution du 5 fructidor an III (22 août 1795) ;
4° La constitution du 22 frimaire an VIII (14 décembre 1799).

Mais nous avons fait justice de la constitution de .91, et nous aurions cru blesser le peuple en la reproduisant ici. Cette constitution, entièrement monarchique, n'a pas été faite pour le *peuple*, et son action n'agit que sur les classes aisées ou intermédiaires ; cette vieille guenille n'est pas en rapport avec l'état avancé de la société, ni avec les principes ni la forme de gouvernement que la nation a proclamée à l'Hôtel-de-Ville. Ainsi, nous le répétons, en reproduisant une pareille constitution, ce serait faire injure au peuple.

Nous n'avons pas voulu non plus mettre en regard la constitution du 21 frimaire an VIII (14 décembre 1799), constitution faite pour le premier consul, et qui fut le marche-pied pour arriver au 16 thermidor an X, le consulat à vie, et puis... l'empire.

Rappelons ici ce que Rouget de Lisle, auteur de *la Marseillaise*, écrivait au premier consul le 19 pluviôse an XII, à la veille d'être nommé empereur, et ces paroles je les prends dans la minute inédite qui m'a été confiée et signée de l'auteur :

« Que fut à Rome l'abolition de la royauté? le premier pas vers « la grandeur romaine.

« Que fut à Rome la destruction de la république? le premier « pas vers la dissolution de l'empire.

« Ce Jules César, si grand, si débonnaire, que fut-il? le promo-
« teur du proscripteur Octave.

« Auguste vieillissant, que fut-il? le précurseur de Tibère.

« En vous accordant les qualités, la fortune, la longévité de
« César et d'Auguste réunis, quelle garantie laisseriez-vous au
« monde contre cette foule de monstres auxquels ils ouvrirent la
« carrière?

« Si après avoir reproduit un César, la fatalité lui donnait pour
« successeur des Caligula, des Néron, des Commode, des Hélioga-
« bale?

« De quel œil pensez-vous que la postérité vous contemplât,
« vous qui, pour régner quelques instants, l'eussiez dévouée à ces
« épouvantables fléaux du genre humain?

« De quel nom pensez-vous que la postérité vous nommât, vous
« qui, ayant reçu de votre patrie le dépôt sacré de ses droits, de
« ses espérances, auriez préféré, pour régner quelques instants,
« replonger la France dans l'abîme d'une servitude indéfinie et la
« léguer pour tout le reste de sa durée à ces caprices sanglants, à
« ces fureurs insensées, compagnes inséparables du despotisme et
« de la chute des États. »

La constitution du 22 frimaire an VIII ayant été faite sur le patron du maître, il n'y a encore là rien à prendre pour la souveraineté du peuple, puisque la France est décidée à ne plus redevenir
le patrimoine d'un seul, et qu'elle a déclaré assez hautement ses
principes pour pouvoir s'appartenir à elle-même.

La révolution du 24 février replace de droit le peuple dans les
principes et les pouvoirs de la constitution de 93. Cette constitution est faite à son image, et elle est la seule qui consacre ses droits :
aussi, pour le rappeler au peuple, nous la reproduisons avec la
déclaration des droits de l'homme et du citoyen.

Si nous y joignons à la suite la constitution dictatoriale de
l'an III (22 août 1794), c'est pour faire juger au peuple la tyrannie

des *cinq*, et faire connaître, si à cette époque on se jeta dans les bras de Bonaparte, que ce ne fut, comme a dit Rouget de Lisle, « que pour répudier le squelette fangeux de la charte dictatoriale. »

Vous voyez comme le pouvoir passe de main en main ! Par la constitution de 91, le pouvoir caressait la classe bourgeoise.

Par la constitution de 93, le pouvoir était tout entier dans le peuple.

Par la constitution du 5 fructidor an III (22 août 1799), le pouvoir avait passé entre les mains de cinq dictateurs.

Par la constitution du 22 frimaire an VIII (14 décembre 1799), le pouvoir avait passé des dictateurs à un premier consul : de là à l'empire... et chacun sait le reste.

CONSTITUTION DE 1793.

Déclaration des Droits de l'Homme et du Citoyen.

Le peuple français, convaincu que l'oubli et le mépris des droits naturels de l'homme sont les seules causes des malheurs du monde, a résolu d'exposer, dans une déclaration solennelle, ces droits sacrés inaliénables, afin que tous les citoyens, pouvant comparer sans cesse les actes du gouvernement avec le but de toute institution sociale, ne se laissent jamais opprimer et avilir par la tyrannie, afin que le peuple ait toujours devant les yeux les bases de sa liberté et de son bonheur ; le magistrat, la règle de ses devoirs ; le législateur, l'objet de sa mission.

En conséquence, il proclame, en présence de l'Etre suprême, la déclaration suivante des droits de l'homme et du citoyen :

1. Le but de la société est le bonheur commun.

Le gouvernement est institué pour garantir à l'homme la jouissance de ses droits naturels et imprescriptibles.

2. Ces droits sont l'égalité, la liberté, la sûreté, la propriété.

3. Tous les hommes sont égaux par nature et devant la loi.

4. — La loi est l'expression libre et solennelle de la volonté générale ; elle est la même pour tous, soit qu'elle protège, soit qu'elle punisse ; elle ne peut ordonner que ce qui est juste et utile à la société ; elle ne peut défendre que ce qui lui est nuisible.

5. Tous les citoyens sont également admissibles aux emplois publics. Les peuples libres ne connaissent d'autres motifs de préférence, dans leurs élections, que les vertus et les talents.

6. La liberté est le pouvoir qui appartient à l'homme de faire tout ce qui ne nuit pas aux droits d'autrui : elle a pour principe la nature; pour règle, la justice; pour sauvegarde, la loi. Sa limite morale est dans cette maxime : *Ne fais pas à un autre ce que tu ne veux pas qui te soit fait.*

7. Le droit de manifester sa pensée et ses opinions, soit par la voie de la presse, soit de toute autre manière, le droit de s'assembler paisiblement, le libre exercice des cultes, ne peuvent être interdits.

La nécessité d'énoncer ces droits suppose ou la présence ou le souvenir récent du despotisme.

8. La sûreté consiste dans la protection accordée par la société à chacun de ses membres, pour la conservation de sa personne, de ses droits et de ses propriétés.

9. La loi doit protéger la liberté publique et individuelle contre l'oppression de ceux qui gouvernent.

10. Nul ne doit être accusé, arrêté, ni détenu, que dans les cas déterminés par la loi et selon les formes qu'elle a prescrites; tout citoyen appelé ou saisi par l'autorité de la loi doit obéir à l'instant; il se rend coupable par la résistance.

11. Tout acte exercé contre un homme hors des cas et dans les formes que la loi détermine est arbitraire et tyrannique : celui contre lequel on voudrait l'exécuter par la violence a le droit de le repousser par la force.

12. Ceux qui solliciteraient, expédieraient, signeraient, exécuteraient ou feraient exécuter des actes arbitraires, sont coupables et doivent être punis.

13. Tout homme étant présumé innocent jusqu'à ce qu'il ait été déclaré coupable, s'il est jugé indispensable de l'arrêter, toute rigueur qui ne serait pas nécessaire pour s'assurer de sa personne doit être sévèrement réprimé par la loi.

14. Nul ne doit être jugé et puni qu'après avoir été entendu ou légalement appelé, et qu'en vertu d'une loi promulguée antérieurement au délit : la loi qui punirait des délits commis avant qu'elle existât serait une tyrannie;

L'effet rétroactif donné à la loi serait un crime.

15. La loi ne doit décerner que des peines strictement et évidemment nécessaires : les peines doivent être proportionnées au délit et utiles à la société.

16. Le droit de propriété est celui qui appartient à tout citoyen de jouir et de disposer à son gré de ses biens, de ses revenus, du fruit de son travail et de son industrie.

17. Nul genre de travail, de culture, de commerce, ne peut être interdit à l'industrie des citoyens.

18. Tout homme peut engager ses services, son temps, mais il ne peut se vendre ni être vendu : sa personne n'est pas une propriété aliénable. La loi ne connaît point de domesticité; il ne peut exister qu'un engagement de soins et de reconnaissance entre l'homme qui travaille et celui qui l'emploie.

19. Nul ne peut être privé de la moindre portion de sa propriété, sans son consentement, si ce n'est lorsque la nécessité publique légalement constatée l'exige, et sous la condition d'une juste et préalable indemnité.

20. Nulle contribution ne peut être établie que pour l'utilité générale. Tous les citoyens ont droit de concourir à l'établissement des contributions, d'en surveiller l'emploi et de s'en faire rendre compte.

21. Les secours publics sont une dette sacrée : la société doit la subsistance aux citoyens malheureux, soit en leur procurant du travail, soit en assurant les moyens d'exister à ceux qui sont hors d'état de travailler.

22. L'instruction est le besoin de tous. La société doit favoriser de tout son pouvoir les progrès de la raison publique, et mettre l'instruction à portée de tous les citoyens.

23. La garantie sociale consiste dans l'action de tous, pour assurer à chacun la jouissance et la conservation de ses droits; cette garantie repose sur la souveraineté nationale.

24. Elle ne peut exister, si les limites des fonctions publiques ne sont pas clairement déterminées par la loi, et si la responsabilité de tous les fonctionnaires n'est pas assurée.

25. La souveraineté réside dans le peuple. Elle est une, indivisible, imprescriptible et inaliénable.

26. Aucune portion du peuple ne peut exercer la puissance du peuple entier; mais chaque section du souverain assemblée doit jouir du droit d'exprimer sa volonté avec une entière liberté.

27. Que tout individu qui usurperait la souveraineté soit à l'instant mis à mort par les hommes libres.

28. Un peuple a toujours le droit de revoir, de réformer et de changer sa constitution. Une génération ne peut assujettir à ses lois une génération future.

29. Chaque citoyen a un droit égal de concourir à la formation de la loi et à la nomination de ses mandataires ou de ses agents.

30. Les fonctions publiques sont essentiellement temporaires; elles ne peuvent être considérées comme des distinctions ni comme des récompenses, mais comme des devoirs.

31. Les délits des mandataires du peuple et de ses agents ne doivent jamais être impunis. Nul n'a le droit de se prétendre plus inviolable que les autres citoyens.

32. Le droit de présenter des pétitions aux dépositaires de l'autorité publique ne peut en aucun cas être interdit, suspendu, ni limité.

33. La résistance à l'oppression est la conséquence des autres droits de l'homme.

34. Il y a oppression contre le corps social, lorsqu'un seul de ses membres est opprimé. Il y a oppression contre chaque membre, lorsque le corps social est opprimé.

35. Quand le gouvernement viole les droits du peuple, l'insurrection est pour le peuple et pour chaque portion du peuple le plus sacré des droits et le plus indispensable des devoirs.

ACTE CONSTITUTIONNEL.

DE LA RÉPUBLIQUE.

1. La République française est une et indivisible.

DE LA DISTRIBUTION DU PEUPLE.

2. Le peuple français est distribué, pour l'exercice de sa souveraineté, en assemblées primaires de cantons.

3. Il est distribué, pour l'administration et pour la justice, en départements, districts, minicipalités.

DE L'ÉTAT DES CITOYENS.

4. Tout homme né et domicilié en France, âgé de 21 ans accomplis;

Tout étranger âgé de 21 ans accomplis, qui, domicilié en France depuis une année, y vit de son travail, — ou acquiert une propriété, — ou épouse une française, — ou adopte un enfant, — ou nourrit un vieillard;

Tout étranger enfin qui sera jugé par le corps législatif avo r bien mérité de l'humanité,

Est admis à l'exercice des droits de citoyen français.

5. L'exercice des droits de citoyen se perd :

Par la naturalisation en pays étranger;

Par l'acceptation de fonctions ou faveurs émanées d'un gouvernement non populaire;

Par la condamnation à des peines infamantes ou afflictives, jusqu'à réhabilitation.

6. L'exercice des droits de citoyen est suspendu :

Par l'état d'accusation ;

Par un jugement de contumace, tant que le jugement n'est pas anéanti.

DE LA SOUVERAINETÉ DU PEUPLE.

7. Le peuple souverain est l'universalité des citoyens français.

8. Il nomme immédiatement ses députés.

9. Il délègue à des électeurs le choix des administrateurs, des arbitres publics, des juges criminels et de cassation.

10. Il délibère sur les lois.

DES ASSEMBLÉES PRIMAIRES.

11. Les assemblées primaires se composent des citoyens domiciliés depuis six mois dans chaque canton.

12. Elles sont composées de 200 citoyens au moins, de 600 au plus appelés à voter.

13. Elles sont constituées par la nomination d'un président, de secrétaires, de scrutateurs.

14. Leur police leur appartient.

15. Nul n'y peut paraître en armes.

16. Les élections se font au scrutin ou à haute voix, au choix de chaque votant.

17. Une assemblée primaire ne peut, en aucun cas, prescrire un mode uniforme de voter.

18. Les scrutateurs constatent le vote des citoyens qui, ne sachant point écrire, préfèrent de voter au scrutin.

19. Les suffrages sur les lois sont donnés par oui et par non.

20. Le vœu de l'assemblée primaire est proclamé ainsi : les citoyens réunis en assemblée primaire de.... au nombre de.... votants, votent pour ou votent contre, à la majorité de....

DE LA REPRÉSENTATION NATIONALE.

21. La population est la seule base de la représentation nationale.

22. Il y a un député en raison de 40,000 individus.

23. Chaque réunion d'assemblées primaires, résultant d'une population de 39,000 à 40,000 âmes, nomme immédiatement un député.

24. La nomination se fait à la majorité absolue des suffrages.

25. Chaque assemblée fait le dépouillement des suffrages, et envoie un commissaire pour le recensement général au lieu désigné comme le plus central.

26. Si le premier recensement ne donne point de majorité absolue, il est procédé à un second appel, et on vote entre les deux citoyens qui ont réuni le plus de voix.

27. En cas d'égalité de voix, le plus âgé a la préférence, soit pour être balotté, soit pour être élu. En cas d'égalité d'âge, le sort décide.

28. Tout Français exerçant les droits de citoyen est éligible dans l'étendue de la République.

29. Chaque député appartient à la nation entière.

30. En cas de non acceptation, démission, déchéance ou mort d'un député, il est pourvu à son remplacement par les assemblées primaires qui l'ont nommé.

31. Un député qui a donné sa démission ne peut quitter son poste qu'après l'admission de son successeur.

32. Le Peuple français s'assemble tous les ans, le 1er mai, pour les élections.

33. Il y procède, quel que soit le nombre des citoyens ayant droit d'y voter.

34. Les assemblées primaires se forment extraordinairement, sur la demande du cinquième des citoyens qui ont droit d'y voter.

55. La convocation se fait, en ce cas, par la municipalité du lieu ordinaire du rassemblement.

36. Ces assemblées extraordinaires ne délibèrent qu'autant que la moitié, plus un, des citoyens qui ont droit d'y voter, sont présents.

DES ASSEMBLÉES ÉLECTORALES.

37. Les citoyens réunis en assemblées primaires nomment un électeur à raison de 200 citoyens, présents ou non; deux depuis 201 jusqu'à 500, trois depuis 501 jusqu'à 600.

38. La tenue des assemblées électorales et le mode des élections sont les mêmes que dans les assemblées primaires.

DU CORPS LÉGISLATIF.

39. Le Corps législatif est un, indivisible et permanent.

40. Sa session est d'un an.

41. Il se réunit le 1er juillet.

42. L'Assemblée nationale ne peut se constituer, si elle n'est composée au moins de la moitié des députés, plus un.

43. Les députés ne peuvent être recherchés, accusés ni jugés en aucun temps, pour les opinions qu'ils ont énoncées dans le sein du Corps législatif.

44. Ils peuvent, pour fait criminel, être saisis en flagrant délit; mais le mandat d'arrêt ni le mandat d'amener ne peuvent être décernés contre eux qu'avec l'autorisation du Corps législatif.

TENUE DES SÉANCES DU CORPS LÉGISLATIF.

45. Les séances de l'Assemblée nationale sont publiques.

46. Les procès-verbaux de ses séances sont imprimés.

47. Elle ne peut délibérer si elle n'est composée de deux cents membres au moins.

48. Elle ne peut refuser la parole à ses membres, dans l'ordre où ils l'ont réclamée.

49. Elle délibère à la majorité des présents.

50. Cinquante membres ont le droit d'exiger l'appel nominal.

51. Elle a le droit de censure sur la conduite de ses membres dans son sein.

52. La police lui appartient dans le lieu de ses séances, et dans l'enceinte extérieure qu'elle a déterminée.

DES FONCTIONS DU CORPS LÉGISLATIF.

53. Le Corps législatif propose des lois et rend des décrets.

54. Sont compris sous le nom général de *lois*, les actes du Corps législatif concernant :

La législation civile et criminelle;

L'administration générale des revenus et des dépenses ordinaires de la République;

Les domaines nationaux;

Le titre, le poids, l'empreinte et la dénomination des monnaies;

La nature, le montant et la perception des contributions;

La déclaration de guerre;

Toute nouvelle distribution générale du territoire français;

L'instruction publique;

Les honneurs publics à la mémoire des grands hommes.

55. Sont désignés sous le nom particulier de *décrets*, les actes du Corps législatif concernant:

L'établissement annuel des forces de terre et de mer;

La permission ou la défense du passage des troupes étrangères sur le territoire français;

L'introduction des forces navales étrangères dans les ports de la République;

Les mesures de sûreté et de tranquillité générales;

La distribution annuelle et momentanée des secours et travaux publics;

Les ordres pour la fabrication des monnaies de toute espèce;

Les dépenses imprévues et extraordinaires;

Les mesures locales et particulières à une administration, à une commune, à un genre de travaux publics;

La défense du territoire;

La ratification des traités;

La nomination et la destitution des commandants en chef des armées;

La poursuite de la responsabilité des membres du conseil, des fonctionnaires publics;

L'accusation des prévenus de complot contre la sûreté générale de la République;

Tout changement dans la distribution partielle du territoire français;

Les récompenses nationales.

DE LA FORMATION DE LA LOI.

56. Les projets de loi sont précédés d'un rapport.

57. La discussion ne peut s'ouvrir, et la loi ne peut être provisoirement arrêtée, que quinze jours après le rapport.

58. Le projet est imprimé et envoyé à toutes les communes de la République, sous ce titre : *Loi proposée*.

59. Quarante jours après l'envoi de la loi proposée, si dans la moitié des départements plus un, le dixième des assemblées primaires de chacun d'eux régulièrement formées n'a pas réclamé, le projet est adopté et devient loi.

60. S'il y a réclamation, le Corps législatif convoque les assemblées primaires.

DE L'INTITULÉ DES LOIS ET DES DÉCRETS.

61. Les lois, les décrets, les jugements et tous les actes publics sont intitulés : *Au nom du Peuple français, l'an..... de la République française*.

DU CONSEIL EXÉCUTIF.

62. Il y a un conseil exécutif composé de vingt-quatre membres.

63. L'assemblée électorale de chaque département nomme un candidat. Le corps législatif choisit sur la liste générale les membres du conseil.

64. Il est renouvelé par moitié, à chaque législature, dans les derniers mois de la session.

65. Le conseil est chargé de la direction et de la surveillance de l'administration générale. Il ne peut agir qu'en exécution des lois et des décrets du Corps législatif.

66. Il nomme, hors de son sein, les agents en chef de l'administration de la République.

67. Le Corps législatif détermine le nombre et les fonctions de ces agents.

68. Les agents ne forment point un conseil. Ils sont séparés, sans rapports immédiats entre eux; ils n'exercent aucune autorité personnelle.

69. Le conseil nomme, hors de son sein, les agents extérieurs de la République.

70. Il négocie les traités.

71. Les membres du conseil, en cas de prévarication, sont accusés par le Corps législatif.

72. Le conseil est responsable de l'inexécution des lois et des décrets, et des abus qu'il ne dénonce pas.

73. Il révoque et remplace les agents à sa nomination.

74. Il est tenu de les dénoncer, s'il y a lieu, devant les autorités judiciaires.

DES RELATIONS DU CONSEIL EXÉCUTIF AVEC LE CORPS LÉGISLATIF.

75. Le conseil exécutif réside au corps législatif; il a l'entrée et une place séparée dans le lieu de ses séances.

76. Il est entendu toutes les fois qu'il a un compte à rendre.

77. Le corps législatif l'appelle dans son sein, en tout ou en partie, lorsqu'il le juge convenable.

DES CORPS ADMINISTRATIFS ET MUNICIPAUX.

78. Il y a, dans chaque commune de la République, une administration municipale ;

Dans chaque district, une administration intermédiaire ;

Dans chaque département, une administration centrale.

79. Les officiers municipaux sont élus par les assemblées de commune.

80. Les administrateurs sont nommés par les assemblées électorales de département et de district.

81. Les municipalités et les administrations sont renouvelées tous les ans par moitié.

82. Les administrateurs et officiers municipaux n'ont aucun caractère de représentation.

Ils ne peuvent, en aucun cas, modifier les actes du corps législatif, ni en suspendre l'exécution.

83. Le corps législatif détermine les fonctions des officiers municipaux et des administrateurs, les règles de leur subordination, et les peines qu'ils pourront encourir.

84. Les séances des municipalités et des administrations sont publiques.

DE LA JUSTICE CIVILE.

85. Le code des lois civiles et criminelles est uniforme pour toute la République.

86. Il ne peut être porté aucune atteinte au droit qu'ont les citoyens de faire prononcer sur leurs différends par des arbitres de leur choix.

87. La décision de ces arbitres est définitive, si les citoyens ne se sont pas réservé le droit de réclamer.

88. Il y a des juges de paix élus par les citoyens des arrondissements déterminés par la loi.

89. Ils concilient et jugent sans frais.

90. Leur nombre et leur compétence sont réglés par le corps législatif.

91. Il y a des arbitres publics élus par les assemblées électorales.

92. Leur nombre et leurs arrondissements sont fixés par le corps législatif.

93. Ils connaissent des contestations qui n'ont pas été terminées définitivement par les arbitres privés ou par les juges de paix.

94. Ils délibèrent en public.

Ils opinent à haute voix.

Ils statuent en dernier ressort, sur défenses verbales, ou sur simple mémoire, sans procédures et sans frais.

Ils motivent leurs décisions.

95. Les juges de paix et les arbitres publics sont élus tous les ans.

DE LA JUSTICE CRIMINELLE.

96. En matière criminelle, nul citoyen ne peut être jugé que sur une accusation reçue par les jurés ou décrétée par le corps législatif.

Les accusés ont des conseils choisis par eux, ou nommés d'office.

L'instruction est publique.

Le fait et l'intention sont déclarés par un juré de jugement.

La peine est appliquée par un tribunal criminel.

97. Les juges criminels sont élus tous les ans par les assemblées électorales.

DU TRIBUNAL DE CASSATION.

98. Il y a pour toute la République un tribunal de cassation.

99. Ce tribunal ne connaît point du fond des affaires.

Il prononce sur la violation des formes et sur les contraventions expresses à la loi.

100. Les membres de ce tribunal sont nommés tous les ans par les assemblées électorales.

DES CONTRIBUTIONS PUBLIQUES.

101. Nul citoyen n'est dispensé de l'honorable obligation de contribuer aux charges publiques.

DE LA TRÉSORERIE NATIONALE.

102. La trésorerie nationale est le point central des recettes et dépenses de la République.

103. Elle est administrée par des agents comptables nommés par le conseil exécutif.

104. Ces agents sont surveillés par des commissaires nommés par le corps législatif, pris hors de son sein, et responsables des abus qu'ils ne dénoncent pas.

DE LA COMPTABILITÉ.

105. Les comptes des agents de la trésorerie nationale et des administrateurs des deniers publics sont rendus annuellement à des commissaires responsables nommés par le conseil exécutif.

106. Ces vérificateurs sont surveillés par des commissaires à la nomination du corps législatif, pris hors de son sein, et responsables des abus et des erreurs qu'ils ne dénoncent pas.

Le corps législatif arrête les comptes.

DES FORCES DE LA RÉPUBLIQUE.

107. La force générale de la République est composée du peuple entier.

108. La République entretient à sa solde, même en temps de paix, une force armée de terre et de mer.

109. Tous les Français sont soldats; ils sont tous exercés au maniement des armes.

110. Il n'y a point de généralissime.

111. La différence des grades, leurs marques distinctives et la subordination ne subsistent que relativement au service et pendant sa durée.

112. La force publique, employée pour maintenir l'ordre et la paix dans l'intérieur, n'agit que sur la réquisition par écrit des autorités constituées.

113. La force publique, employée contre les ennemis du dehors, agit sous les ordres du conseil exécutif.

114. Nul corps armé ne peut délibérer.

DES CONVENTIONS NATIONALES.

115. Si dans la moitié des départements, plus un, le dixième des assemblées primaires de chacun d'eux, régulièrement formées, demande la révision de l'acte constitutionnel, ou le changement de quelques-uns de ses articles, le corps législatif est tenu de convoquer toutes les assemblées primaires de la République, pour savoir s'il y a lieu à une convention nationale.

116. La Convention nationale est formée de la même manière que les législatures, et en réunit les pouvoirs.

117. Elle ne s'occupe, relativement à la constitution, que des objets qui ont motivé sa convocation.

DES RAPPORTS DE LA RÉPUBLIQUE FRANÇAISE AVEC LES NATIONS ÉTRANGÈRES.

118. Le peuple français est l'ami et l'allié naturel des peuples libres.

119. Il ne s'immisce point dans le gouvernement des autres nations; il ne souffre pas que les autres nations s'immiscent dans le sien.

120. Il donne asile aux étrangers bannis de leur patrie pour la cause de la liberté.

Il le refuse aux tyrans.

121. Il ne fait point la paix avec un ennemi qui occupe son territoire.

DE LA GARANTIE DES DROITS.

122. La constitution garantit à tous les Français l'égalité, la liberté, la sûreté, la propriété, la dette publique, le libre exercice des cultes, une instruction commune, des secours publics, la liberté indéfinie de la presse, le droit de pétition, le droit de se réunir en sociétés populaires, la jouissance de tous les droits de l'homme.

123. La République française honore la loyauté, le courage, la vieillesse, la piété filiale, le malheur. Elle remet le dépôt de sa constitution sous la garde de toutes les vertus.

124. La déclaration des droits et l'acte constitutionnel sont gravés sur des tables au sein du Corps législatif et dans les places publiques.

CONSTITUTION DE L'AN III.

(22 AOUT 1795.)

Déclaration des Droits et des Devoirs de l'Homme et du Citoyen.

LE PEUPLE FRANÇAIS proclame, en présence de l'Être suprême, la déclaration suivante des droits et des devoirs de l'homme et du citoyen.

DROITS.

ART. 1er. Les droits de l'homme en société sont la liberté, l'égalité, la sûreté, la propriété.

2. La liberté consiste à pouvoir faire ce qui ne nuit pas aux droits d'autrui.

3. L'égalité consiste en ce que la loi est la même pour tous, soit qu'elle protége, soit qu'elle punisse.

L'égalité n'admet aucune distinction de naissance, aucune hérédité de pouvoirs.

4. La sûreté résulte du concours de tous pour assurer les droits de chacun.

5. La propriété est le droit de jouir et de disposer de ses biens, de ses revenus, du fruit de son travail et de son industrie.

6. La loi est la volonté générale exprimée par la majorité ou des citoyens ou de leurs représentants.

7. Ce qui n'est pas défendu par la loi ne peut être empêché.

Nul ne peut être contraint à faire ce qu'elle n'ordonne pas.

8. Nul ne peut être appelé en justice, accusé, arrêté ni détenu, que dans les cas déterminés par la loi et selon les formes qu'elle a prescrites.

9. Ceux qui sollicitent, expédient, signent, exécutent ou font exécuter des actes arbitraires, sont coupables et doivent être punis.

10. Toute rigueur qui ne serait pas nécessaire pour s'assurer de la personne d'un prévenu doit être sévèrement réprimée par la loi.

11. Nul ne peut être jugé qu'après avoir été entendu ou légalement appelé.

12. La loi ne doit décerner que des peines strictement nécessaires et proportionnées au délit.

13. Tout traitement qui aggrave la peine déterminée par la loi est un crime.

14. Aucune loi, ni criminelle ni civile, ne peut avoir d'effet rétroactif.

15. Tout homme peut engager son temps et ses services, mais il ne peut se vendre ni être vendu; sa personne n'est pas une propriété aliénable.

16. Toute contribution est établie pour l'utilité générale; elle doit être répartie entre les contribuables, en raison de leurs facultés.

17. La souveraineté réside essentiellement dans l'universalité des citoyens.

18. Nul individu, nulle réunion partielle de citoyens ne peut s'attribuer la souveraineté.

19. Nul ne peut, sans une délégation légale, exercer aucune autorité ni remplir aucune fonction publique.

20. Chaque citoyen a un droit égal de concourir, immédiatement ou médiatement, à la formation de la loi, à la nomination des représentants du peuple et des fonctionnaires publics.

21. Les fonctions publiques ne peuvent devenir la propriété de ceux qui les exercent.

22. La garantie sociale ne peut exister si la division des pouvoirs n'est pas établie, si leurs limites ne sont pas fixées, et si la responsabilité des fonctionnaires publics n'est pas assurée.

DEVOIRS.

ART. 1er. La déclaration des droits contient les obligations des législateurs : le maintien de la société demande que ceux qui la composent connaissent et remplissent également leurs devoirs.

2. Tous les devoirs de l'homme et du citoyen dérivent de ces deux principes gravés par la nature dans tous les cœurs :
Ne faites pas à autrui ce que vous ne voudriez pas qu'on vous fît.

3. Les obligations de chacun envers la société consistent à la défendre, à la servir, à vivre soumis aux lois, et à respecter ceux qui en sont les organes.

4. Nul n'est bon citoyen s'il n'est bon fils, bon père, bon frère, bon ami, bon époux.

5. Nul n'est homme de bien s'il n'est franchement et religieusement observateur des lois.

6. Celui qui viole ouvertement les lois se déclare en état de guerre avec la société.

7. Celui qui, sans enfreindre ouvertement les lois, les élude par ruse ou par adresse, blesse les intérêts de tous; il se rend indigne de leur bienveillance et de leur estime.

8. C'est sur le maintien des propriétés que reposent la culture des terres, toutes les productions, tout moyen de travail, et tout l'ordre social.

9. Tout citoyen doit ses services à la patrie et au maintien de la liberté, de l'égalité et de la propriété, toutes les fois que la loi l'appelle à les défendre.

CONSTITUTION.

ART. 1er. LA RÉPUBLIQUE FRANÇAISE est une et indivisible.

2. L'universalité des citoyens français est le souverain.

TITRE I.

DIVISION DU TERRITOIRE.

3. La France est divisée en... départements. (Suit la nomenclature des départements).

4. Les limites des départements peuvent être changées ou rectifiées par le Corps législatif; mais, en ce cas, la surface d'un département ne peut excéder cent myriamètres carrés (400 lieues carrées moyennes).

5. Chaque département est distribué en cantons, chaque canton en communes.

Les cantons conservent leurs circonscriptions actuelles.

Leurs limites pourront néanmoins être changées ou rectifiées par le corps législatif; mais, en ce cas, il ne pourra y avoir plus d'un myriamètre (deux lieues moyennes de 2,566 toises chacune) de la commune la plus éloignée au chef-lieu de canton.

6. Les colonies françaises sont parties intégrantes de la République, et sont soumises à la même loi constitutionnelle.

7. Elles sont divisées en départements. (Suit la division des colonies).

TITRE II.
ÉTAT POLITIQUE DES CITOYENS.

8. Tout homme né et résidant en France, qui, âgé de vingt-un ans accomplis, s'est fait inscrire sur le registre civique de son canton, qui a demeuré pendant une année sur le territoire de la République, et qui paye une contribution directe, foncière ou personnelle, est citoyen Français.

9. Sont citoyens, sans aucune condition de contribution, les Français qui auront fait une ou plusieurs campagnes pour l'établissement de la République.

10. L'étranger devient citoyen Français, lorsqu'après avoir atteint l'âge de vingt-un ans accomplis, et avoir déclaré l'intention de se fixer en France, il y a résidé pendant sept années consécutives, pourvu qu'il y paye une contribution directe, et qu'en outre il y possède une propriété foncière ou un établissement d'agriculture ou de commerce, ou qu'il ait épousé une française.

11. Les citoyens français peuvent seuls voter dans les assemblées primaires et être appelés aux fonctions établies par la constitution.

12. L'exercice des droits de citoyen se perd :

1° Par la naturalisation en pays étranger;

2° Par l'affiliation à toute corporation étrangère qui supposerait des distinctions de naissance, ou qui exigerait des vœux de religion;

3° Par l'acceptation de fonctions ou de pensions offertes par un gouvernement étranger;

4° Par la condamnation à des peines afflictives ou infamantes, jusqu'à réhabilitation.

13 L'exercice des droits de citoyen est suspendu :

1° Par l'interdiction judiciaire pour cause de fureur, de démence ou d'imbécillité;

2° Par l'état de débiteur failli, ou d'héritier prémédiat, détenteur, à titre gratuit, de tout ou partie de la succession d'un failli;

3° Par l'état de domestique à gages, attaché au service de la personne ou du ménage;

4° Par l'état d'accusation;

5° Par un jugement de contumace, tant que le jugement n'est pas anéanti.

14. L'exercice des droits de citoyen n'est perdu ni suspendu que dans les cas exprimés dans les deux articles précédents.

15. Tout citoyen qui aura résidé sept années consécutives hors du territoire de la République, sans mission ou autorisation donnée au nom de la nation, est réputé étranger; il ne redevient citoyen français qu'après avoir satisfait aux conditions prescrites par l'article dixième.

16. Les jeunes gens ne peuvent être inscrits sur le registre civique s'ils ne prouvent qu'ils savent lire et écrire, et exercer une profession mécanique.

Les opérations manuelles de l'agriculture appartiennent aux professions mécaniques.

Cet article n'aura d'exécution qu'à compter de l'an douzième de la République.

TITRE III.
ASSEMBLÉES PRIMAIRES.

17. Les assemblées primaires se composent des citoyens domiciliés dans le même canton.

Le domicile requis pour voter dans ces assemblées s'acquiert par la seule résidence pendant une année, et il ne se perd que par un an d'absence.

18. Nul ne peut se faire remplacer dans les assemblées primaires, ni voter pour le même objet dans plus d'une de ces assemblées.

19. Il y a au moins une assemblée primaire par canton.

Lorsqu'il y en a plusieurs, chacune est composée de quatre cent cinquante citoyens au moins, de neuf cents au plus.

Ces nombres s'entendent des citoyens présents ou absents ayant droit d'y voter.

20. Les assemblées primaires se constituent provisoirement sous la présidence du plus ancien d'âge; le plus jeune remplit provisoirement les fonctions de secrétaire.

21. Elles sont définitivement constituées par la nomination au scrutin d'un président, d'un secrétaire et de trois scrutateurs.

22. S'il s'élève des difficultés sur les qualités requises pour voter, l'assemblée statue provisoirement, sauf le recours au tribunal civil du département.

23. En tout autre cas, le Corps législatif prononce seul sur la validité des opérations des assemblées primaires.

24. Nul ne peut paraître en armes dans les assemblées primaires.

25. Leur police leur appartient.

26. Les assemblées primaires se réunissent :

1° Pour accepter ou rejeter les changements à l'acte constitutionnel, proposés par les assemblées de révision ;

2° Pour faire les élections qui leur appartiennent suivant l'acte constitutionnel.

27. Elles s'assemblent de plein droit le premier germinal de chaque année, et procèdent, selon qu'il y a lieu, à la nomination :

1° Des membres de l'assemblée électorale ;

2° Du juge de paix et de ses assesseurs ;

3° Du président de l'administration municipale du canton, ou des officiers municipaux dans les communes au-dessus de cinq mille habitants.

28. Immédiatement après les élections, il se tient, dans les communes au-dessous de cinq mille habitants, des assemblées communales qui élisent les agents de chaque commune et leurs adjoints.

29. Ce qui se fait dans une assemblée primaire ou communale au delà de l'objet de sa convocation, et contre les formes déterminées par la constitution, est nul.

30. Les assemblées, soit primaires, soit communales, ne font aucune autre élection que celles qui leur sont attribuées par l'acte constitutionnel.

31. Toutes les élections se font au scrutin secret.

32. Tout citoyen qui est légalement convaincu d'avoir vendu ou acheté un suffrage est exclu des assemblées primaires et communales et de toute fonction publique, pendant vingt ans; en cas de récidive, il l'est pour toujours.

TITRE IV.
ASSEMBLÉES ÉLECTORALES.

33. Chaque assemblée primaire nomme un électeur à raison de deux cents citoyens, présents ou absents, ayant droit de voter dans ladite assemblée. Jusqu'au nombre de trois cents citoyens inclusivement, il n'est nommé qu'un électeur.

Il en est nommé deux depuis trois cent un jusqu'à cinq cents;

Trois depuis cinq cent un jusqu'à sept cents;

Quatre depuis sept cent un jusqu'à neuf cents.

34. Les membres des assemblées électorales sont nommés chaque année, et ne peuvent être réélus qu'après un intervalle de deux ans.

35. Nul ne pourra être nommé électeur s'il n'a vingt-cinq ans accomplis, et s'il ne réunit aux qualités nécessaires pour exercer les droits de citoyen français l'une des conditions suivantes, savoir :

Dans les communes au-dessus de six mille habitants, celle d'être propriétaire ou usufruitier d'un bien évalué à un revenu égal à la valeur locale de deux cents journées de travail, ou d'être localaire soit d'une habitation évaluée à un revenu égal à la valeur de cent cinquante journées de travail, soit d'un bien rural évalué à deux cents journées de travail;

Dans les communes au-dessous de six mille habitants, celle d'être propriétaire ou usufruitier d'un bien évalué à un revenu égal à la valeur locale de cent cinquante journées de travail, ou d'être locataire soit d'une habitation évaluée à un revenu égal à la valeur de cent journées de travail, soit d'un bien rural évalué à deux cents journées de travail;

Et dans les campagnes, celle d'être propriétaire ou usufruitier d'un bien évalué à un revenu égal à la valeur locale de cent cinquante journées de travail, ou d'être fermier ou métayer de biens évalués à la valeur de deux cents journées de travail.

A l'égard de ceux qui seront en même temps propriétaires ou usufruitiers, d'une part, et locataires, fermiers ou métayers, de l'autre, leurs facultés à ces divers titres seront cumulées jusqu'au taux nécessaire pour établir leur éligibilité.

36. L'assemblée électorale de chaque département se réunit le 20 germinal de chaque année, et termine, en une seule session de dix jours au plus, et sans pouvoir s'ajourner, toutes les élections qui se trouvent à faire; après quoi elle est dissoute de plein droit.

37. Les assemblées électorales ne peuvent s'occuper d'aucun objet étranger aux élections dont elles sont chargées; elles ne peuvent envoyer ni recevoir aucune adresse, aucune pétition, aucune députation.

38. Les assemblées électorales ne peuvent correspondre entre elles.

39. Aucun citoyen, ayant été membre d'une assemblée électorale, ne peut prendre le titre d'électeur, ni se réunir, en cette qualité, à ceux qui ont été avec lui membres de cette même assemblée.

La contravention au présent article est un attentat à la sûreté générale.

40. Les articles 18, 20, 21, 23, 24, 25, 29, 30, 31 et 32 du titre précédent, sur les assemblées primaires, sont communs aux assemblées électorales.

41. Les assemblées électorales élisent, selon qu'il y a lieu,

1º Les membres du corps législatif, savoir : les membres du conseil des Anciens, ensuite les membres du conseil des Cinq-Cents;

2º Les membres du tribunal de cassation;

3º Les hauts-jurés;

4º Les administrateurs de département;

5º Le président, accusateur public et greffier du tribunal criminel;

6º Les juges des tribunaux civils.

42. Lorsqu'un citoyen est élu par les assemblées électorales pour remplacer un fonctionnaire mort, démissionnaire ou destitué, ce citoyen n'est élu que pour le temps qui restait au fonctionnaire remplacé.

43. Le commissaire du directoire exécutif près l'administration de chaque département est tenu, sous peine de destitution, d'informer le directoire de l'ouverture et de la clôture des assemblées électorales : ce commissaire n'en peut arrêter ni suspendre les opérations, ni entrer dans le lieu des séances; mais il a droit de demander communication du procès-verbal de chaque séance dans les vingt-quatre heures qui la suivent; et il est tenu de dénoncer au directoire les infractions qui seraient faites à l'acte constitutionnel.

Dans tous les cas, le corps législatif prononce seul sur la validité des opérations des assemblées électorales.

TITRE V.

POUVOIR LÉGISLATIF.

Dispositions générales.

44. Le corps législatif est composé d'un conseil des anciens et d'un conseil des cinq cents.

45. En aucun cas, le corps législatif ne peut déléguer à un ou plusieurs de ses membres, ni à qui que ce soit, aucune des fonctions qui lui sont attribuées par la présente constitution.

46. Il ne peut exercer par lui-même, ni par les délégués, le pouvoir exécutif, ni le pouvoir judiciaire.

47. Il y a incompatibilité entre la qualité de membre du corps législatif, et l'exercice d'une autre fonction publique, excepté celle d'archiviste de la République.

48. La loi détermine le mode du remplacement définitif ou temporaire des fonctionnaires publics qui viennent à être élus membre du corps législatif.

49. Chaque département concourt, à raison de sa population seulement, à la nomination des membres du conseil des anciens et des membres du conseil des cinq cents.

50. Tous les dix ans, le corps législatif, d'après les états de population qui lui sont envoyés, détermine le nombre des membres de l'un et de l'autre conseil que chaque département doit fournir.

51. Aucun changement ne peut être fait dans cette répartition, durant cet intervalle.

52. Les membres du corps législatif ne sont pas représentants du département qui les a nommés; mais de la nation entière, et il ne peut leur être donné aucun mandat.

53. L'un et l'autre conseils sont renouvelés tous les ans par tiers.

54. Les membres sortant après trois années peuvent être immédiatement réélus pour les trois années suivantes; après quoi il faudra un intervalle de deux ans pour qu'ils puissent être élus de nouveau.

55. Nul, en aucun cas, ne peut être membre du corps législatif durant plus de six années consécutives.

56. Si, par des circonstances extraordinaires, l'un des deux conseils se trouve réduit à moins des deux tiers de ses membres, il en donne avis au directoire exécutif, lequel est tenu de convoquer sans délai les assemblées primaires des départements qui ont des membres du corps législatif à remplacer par l'effet de ces circonstances : les assemblées primaires nomment sur-le-champ les électeurs, qui procèdent aux remplacements nécessaires.

57. Les membres nouvellement élus pour l'un et pour l'autre conseil se réunissent, le premier prairial de chaque année, dans la commune qui a été indiquée par le corps législatif précédent, ou dans la commune même où il a tenu ses dernières séances, s'il n'en a pas désigné un autre.

58. Les deux conseils résident toujours dans la même commune.

59. Le corps législatif est permanent : il peut néanmoins s'ajourner à des termes qu'il désigne.

60. En aucun cas, les deux conseils ne peuvent se réunir dans une même salle.

61. Les fonctions de président et de secrétaire ne peuvent excéder la durée d'un mois, ni dans les conseils des anciens, ni dans celui des cinq cents.

62. Les deux conseils ont respectivement le droit de police dans le lieu de leurs séances; et dans l'enceinte extérieure qu'ils ont déterminée.

63. Ils ont respectivement le droit de police sur leurs membres; mais ils ne peuvent prononcer de peine plus forte que la censure, les arrêts pour huit jours, et la prison pour trois.

64. Les séances de l'un et de l'autre conseil sont publiques; les assistants ne peuvent excéder en nombre la moitié des membres respectifs de chaque conseil.

Les procès-verbaux des séances sont imprimés.

65. Toute délibération se prend par assis et levé; en cas de doute, il se fait un appel nominal, mais alors les votes sont secrets.

66. Sur la demande de cent de ses membres, chaque conseil ne peut se for-

mer en comité général et secret, mais seulement pour discuter, et non délibérer.

67. Ni l'un ni l'autre conseil ne peut créer dans son sein aucun comité permanent.

Seulement, chaque conseil a la faculté, lorsqu'une matière lui paraît susceptible d'un examen préparatoire, de nommer, parmi ses membres, une commission spéciale qui se renferme uniquement dans l'objet de sa formation.

Cette commission est dissoute aussitôt que le conseil a statué sur l'objet dont elle était chargée.

68. Les membres du corps législatif reçoivent une indemnité annuelle; elle est, dans l'un et l'autre conseil, fixée à la valeur de trois mille myriagrammes de froment (613 quintaux 32 livres).

69. Le directoire exécutif ne peut faire passer ou séjourner aucun corps de troupes dans la distance de six myriamètres (douze lieues moyennes) de la commune où le corps législatif tient ses séances, si ce n'est sur sa réquisition ou avec son autorisation.

70. Il y a près du corps législatif une garde de citoyens pris dans la garde nationale sédentaire de tous les départements, et choisis par leurs frères d'armes.

Cette garde ne peut être au-dessous de quinze cents hommes en activité de service.

71. Le corps législatif détermine le mode de ce service et sa durée.

72. Le corps législatif n'assiste à aucune cérémonie publique, et n'y envoie point de députation.

Conseil des Cinq Cents.

73. Le conseil des cinq cents est invariablement fixé à ce nombre.

74. Pour être élu membre du conseil des cinq cents, il faut être âgé de trente ans accomplis, et avoir été domicilié sur le territoire de la République pendant les dix années qui auront immédiatement précédé l'élection.

La condition de l'âge de trente ans ne sera point exigible avant l'an septième de la République; jusqu'à cette époque, l'âge de vingt-cinq ans accomplis sera suffisant.

75. Le conseil des cinq cents ne peut délibérer si la séance n'est composée de deux cents membres au moins.

76. La proposition des lois appartient exclusivement au conseil des cinq cents.

77. Aucune proposition ne peut être délibérée et résolue dans le conseil des cinq cents, qu'en observant les formes suivantes :

Il se fait trois lectures de la proposition; l'intervalle entre deux de ces lectures ne peut être moindre de dix jours.

La discussion a près chaque lecture; et néanmoins, après la première ou la seconde, le conseil des cinq cents peut déclarer qu'il y a eu lieu à ajournement, ou qu'il n'y a pas lieu à délibérer.

Toute proposition doit être imprimée et distribuée deux jours avant la seconde lecture.

Après la troisième lecture, le conseil des cinq cents décide s'il y a lieu ou non à l'ajournement.

78. Toute proposition qui, soumise à la discussion, a été définitivement rejetée après la troisième lecture, ne peut être reproduite qu'après une année révolue.

79. Les propositions adoptées par le conseil des cinq cents s'appellent *résolutions*.

80. Le préambule de toute résolution énonce :

1° Les dates des séances auxquelles les trois lectures de la proposition auront été faites;

2° L'acte par lequel il a été déclaré, après la troisième lecture, qu'il n'y a point lieu à l'ajournement.

81 Sont exemptes des formes prescrites par l'article soixante-dix-sept, les

propositions reconnues urgentes par une déclaration préalable du conseil des cinq cents.

Cette déclaration énonce les motifs de l'urgence, et il en est fait mention dans le préambule de la résolution.

Conseil des Anciens.

82. Le conseil des anciens est composé de deux cent cinquante membres.

83. Nul ne peut être élu membre du conseil des anciens :

S'il n'est âgé de quarante ans accomplis ;

Si de plus il n'est pas marié ou veuf ;

Et s'il n'a pas été domicilié sur le territoire de la République pendant les quinze années qui auront immédiatement précédé l'élection.

84. La condition de domicile exigée par le précédent article, et celle prescrite par l'article soixante-quatorze, ne concernent point les citoyens qui sont sortis du territoire de la République avec mission du gouvernement.

85. Le conseil des anciens ne peut délibérer, si la séance n'est composée de cent vingt-six membres au moins.

86. Il appartient exclusivement au conseil des anciens d'approuver ou de rejeter les résolutions du conseil des cinq cents.

87. Aussitôt qu'une résolution du conseil des cinq cents est parvenue au conseil des anciens, le président donne lecture du préambule.

88. Le conseil des anciens refuse d'approuver les résolutions du conseil des cinq cents qui n'ont point été prises dans les formes prescrites par la constitution.

89. Si la proposition a été déclarée urgente par le conseil des cinq cents, le conseil des anciens délibère pour approuver ou rejeter l'acte d'urgence.

90. Si le conseil des anciens rejette l'acte d'urgence, il ne délibère point sur le fond de la résolution.

91. Si la résolution n'est pas précédée d'un acte d'urgence, il en est fait trois lectures ; l'intervalle entre deux de ces lectures ne peut être moindre de cinq jours.

La discussion est ouverte après chaque lecture.

Toute résolution est imprimée et distribuée deux jours au moins avant la seconde lecture.

92. Les résolutions du conseil des cinq cents, adoptées par le conseil des anciens, s'appellent *lois*.

93. Le préambule des lois énonce les dates des séances du conseil des anciens auxquelles les trois lectures ont été faites.

94. Le décret par lequel le conseil des anciens reconnaît l'urgence d'une loi, est motivé et mentionné dans le préambule de cette loi.

95. La proposition de la loi, faite par le conseil des cinq cents, s'entend de tous les articles d'un même projet ; le conseil des anciens doit les rejeter tous ou les approuver dans leur ensemble.

96. L'approbation du conseil des anciens est exprimée sur chaque proposition de la loi par cette formule, signée du président et des secrétaires : LE CONSEIL DES ANCIENS APPROUVE...

97. Le refus d'adopter pour cause d'omission des formes indiquées dans l'article 77 est exprimé par cette formule, signée du président et des secrétaires : LA CONSTITUTION ANNULLE...

98. Le refus d'approuver le fond de la loi proposée est exprimé par cette formule, signée du président et des secrétaires : LE CONSEIL DES ANCIENS NE PEUT ADOPTER...

99. Dans le cas du précédent article, le projet de loi rejeté ne peut plus être présenté par le conseil des cinq cents qu'après une année révolue.

100. Le conseil des cinq cents peut néanmoins présenter, à quelque époque que ce soit, un projet de loi qui contienne des articles faisant partie d'un projet qui a été rejeté.

101. Le conseil des anciens envoie dans le jour les lois qu'il a adoptées, tant au conseil des cinq cents qu'au directoire exécutif.

102. Le conseil des anciens peut changer la résidence du corps législatif; il indique, en ce cas, un nouveau lieu et l'époque à laquelle les deux conseils sont tenus de s'y rendre.

Le décret du conseil des anciens sur cet objet est irrévocable.

103. Le jour même de ce décret, ni l'un ni l'autre des conseils ne peuvent plus délibérer dans la commune où ils ont résidé jusqu'alors.

Les membres qui y continueraient leurs fonctions se rendraient coupables d'attentat contre la sûreté de la République.

104. Les membres du directoire exécutif qui retarderaient ou refuseraient de sceller, promulguer et envoyer le décret de translation du corps législatif, seraient coupables du même délit.

105. Si, dans les vingt jours après celui fixé par le conseil des anciens, la majorité de chacun des deux conseils n'a pas fait connaître à la République son arrivée au nouveau lieu indiqué ou sa réunion dans un autre lieu quelconque, les administrateurs de département, ou, à leur défaut, les tribunaux civils de département, convoquent les assemblées primaires pour nommer des électeurs qui procèdent aussitôt à la formation d'un nouveau corps législatif, par l'élection de deux cent cinquante députés pour le conseil des anciens, et de cinq cents pour l'autre conseil.

106. Les administrateurs de département qui, dans le cas de l'article précédent, seraient en retard de convoquer les assemblées primaires, se rendraient coupables de haute trahison et d'attentat contre la sûreté de la République.

107. Sont déclarés coupables du même délit tous citoyens qui mettraient obstacle à la convocation des assemblées primaires et électorales, dans le cas de l'article cent six.

108. Les membres du nouveau corps législatif se rassemblent dans le lieu où le conseil des anciens avait transféré les séances.

S'ils ne peuvent se réunir dans ce lieu, en quelque endroit qu'ils se trouvent en majorité, là est le corps législatif.

109. Excepté dans le cas de l'article cent deux, aucune proposition de loi ne peut prendre naissance dans le conseil des anciens.

De la Garantie des Membres du Corps législatif.

110. Les citoyens qui sont ou ont été membres du corps législatif ne peuvent être recherchés, accusés ni jugés en aucun temps, pour ce qu'ils ont dit ou écrit dans l'exercice de leurs fonctions.

111. Les membres du corps législatif, depuis le moment de leur nomination jusqu'au trentième jour après l'expiration de leurs fonctions, ne peuvent être mis en jugement que dans les formes prescrites par les articles qui suivent.

112. Ils peuvent, pour faits criminels, être saisis en flagrant délit : mais il en sera donné avis, sans délai, au corps législatif; et la poursuite ne pourra être continuée qu'après que le conseil des cinq cents aura proposé la mise en jugement, et que le conseil des anciens l'aura décrétée.

113. Hors le cas de flagrant délit, les membres du corps législatif ne peuvent être amenés devant les officiers de police, ni mis en état d'arrestation, avant que le conseil des cinq cents n'ait proposé la mise en jugement, et que le conseil des anciens ne l'ait décrétée.

114. Dans le cas des deux articles précédents, un membre du corps législatif ne peut être traduit devant aucun autre tribunal que la haute cour de justice.

115. Ils sont traduits devant la même cour pour les faits de trahison, de dilapidation, de manœuvres pour renverser la constitution, et d'attentat contre la sûreté intérieure de la République.

116. Aucune dénonciation contre un membre du corps législatif ne peut donner lieu à poursuite, si elle n'est rédigée par écrit, signée et adressée au conseil des cinq cents.

117. Si, après avoir délibéré en la forme prescrite par l'article 77, le conseil des cinq cents admet la dénonciation, il le déclare en ces termes :

La dénonciation contre. . . . pour le fait de. . . . datée du. . . . signée de. . . . est admise.

118. L'inculpé est alors appelé : il a pour comparaître un délai de trois jours francs; et lorsqu'il comparaît, il est entendu dans l'intérieur du lieu des séances du conseil des cinq cents.

119. Soit que l'inculpé se soit présenté ou non, le conseil des cinq cents déclare, après ce délai, s'il y a lieu ou non à l'examen de sa conduite.

120. S'il est déclaré par le conseil des cinq cents qu'il y a lieu à examen, le prévenu est appelé par le conseil des anciens : il a pour comparaître un délai de deux jours francs ; et s'il comparaît, il est entendu dans l'intérieur du lieu des séances du conseil des anciens.

121. Soit que le prévenu se soit présenté ou non, le conseil des anciens, après ce délai, et après y avoir délibéré dans les formes prescrites par l'article 91, prononce l'accusation, s'il y a lieu, et renvoie l'accusé devant la haute cour de justice, laquelle est tenue d'instruire le procès sans aucun délai.

122. Toute discussion, dans l'un et dans l'autre conseil, relative à la prévention ou à l'accusation d'un membre du corps législatif, se fait en comité général.

Toute délibération sur les mêmes objets est prise à l'appel nominal et au scrutin secret.

123. L'accusation prononcée contre un membre du corps législatif entraîne suspension.

S'il est acquitté par le jugement de la haute-cour de justice, il reprend ses fonctions.

Relation des deux Conseils entre eux.

124. Lorsque les deux conseils sont définitivement constitués, ils s'en avertissent mutuellement par un messager d'État.

125. Chaque conseil donne quatre messagers d'État pour son service.

126. Ils portent à chacun des conseils et au directoire exécutif les lois et les actes du corps législatif; ils ont entrée à cet effet dans le lieu des séances du directoire exécutif.

Ils marchent précédés de deux huissiers.

127. L'un des conseils ne peut s'ajourner au-delà de cinq jours sans le consentement de l'autre.

Promulgation des lois.

128. Le directoire exécutif fait sceller et publier les lois et autres actes du corps législatif, dans les deux jours après leur réception.

129. Il fait sceller et promulguer, le jour, les lois et les actes du corps législatif qui sont précédés d'un décret d'urgence.

130. La publication de la loi et des actes du corps législatif est ordonnée en la forme suivante :

« *Au nom de la République française (loi) ou (acte du corps législatif)... Le directoire ordonne que la loi ou l'acte législatif ci-dessus sera publié, exécuté, et qu'il sera muni du sceau de la République.* »

131. Les lois dont le préambule n'atteste pas l'observation des formes prescrites par les articles 77 et 91, ne peuvent être promulguées par le directoire exécutif, et sa responsabilité à cet égard dure six années.

Sont exceptées les lois pour lesquelles l'acte d'urgence a été approuvé par le conseil des anciens.

TITRE VI.

POUVOIR EXÉCUTIF.

132. Le pouvoir exécutif est délégué à un directoire de cinq membres, nommés par le corps législatif, faisant alors les fonctions d'assemblée électorale, au nom de la nation.

4

133. Le conseil des cinq cents forme, au scrutin secret, une liste décuple du nombre des membres du directoire qui sont à nommer, et la présente au conseil des anciens, qui choisit, aussi au scrutin secret, dans cette liste.

134. Les membres du directoire doivent être âgés de quarante ans au moins.

135. Ils ne peuvent être pris que parmi les citoyens qui ont été membres du corps législatif ou ministres.

La disposition du présent article ne sera observée qu'à commencer de l'an neuvième de la République.

136. A compter du premier jour de l'an cinquième de la République, les membres du corps législatif ne pourront être élus membres du directoire ni ministres, soit pendant la durée de leurs fonctions législatives, soit pendant la première année après l'expiration de ces mêmes fonctions.

137. Le directoire est partiellement renouvelé, par l'élection d'un nouveau membre, chaque année.

Le sort décidera, pendant les quatre premières années, de la sortie successive de ceux qui auront été nommés la première fois.

138. Aucun des membres sortant ne peut être réélu qu'après un intervalle de cinq ans.

139. L'ascendant et le descendant en ligne directe, les frères, l'oncle et le neveu, les cousins au premier degré, et les alliés à ces divers degrés, ne peuvent être en même temps membres du directoire, ni s'y succéder, qu'après un intervalle de cinq ans.

140. En cas de vacance par mort, démission ou autrement, d'un des membres du directoire, son successeur est élu par le corps législatif dans dix jours pour tout délai.

Le conseil des cinq cents est tenu de proposer les candidats dans les cinq premiers jours, et le conseil des anciens doit consommer l'élection dans les cinq derniers.

Le nouveau membre n'est élu que pour le temps d'exercice qui restait à celui qu'il remplace.

Si néanmoins ce temps n'excède pas six mois, celui qui est élu demeure en fonctions jusqu'à la fin de la cinquième année suivante.

141. Chaque membre du directoire le préside à son tour durant trois mois seulement.

Le président a la signature et la garde du sceau.

Les lois et les actes du corps législatif sont adressés au directoire, en la personne du président.

142. Le directoire exécutif ne peut délibérer, s'il n'y a trois membres présents au moins.

143. Il se choisit, hors de son sein, un secrétaire qui contre-signe les expéditions, et rédige les délibérations sur un registre où chaque membre a le droit de faire inscrire son avis motivé.

Le directoire peut, quand il le juge à propos, délibérer sans l'assistance de son secrétaire; en ce cas, les délibérations sont rédigées sur un registre particulier par l'un des membres du directoire.

144. Le directoire pourvoit, d'après les lois, à la sûreté extérieure ou intérieure de la République.

Il peut faire des proclamations conformes aux lois et pour leur exécution.

Il dispose de la force armée, sans qu'en aucun cas le directoire collectivement, ni aucun de ses membres, puisse la commander, ni pendant le temps de ses fonctions, ni pendant les deux années qui suivent immédiatement l'expiration de ces mêmes fonctions.

145. Si le directoire est informé qu'il se trame quelque conspiration contre la sûreté extérieure ou intérieure de l'État, il peut décerner des mandats d'amener et des mandats d'arrêt contre ceux qui en sont présumés les auteurs ou les complices; il peut les interroger; mais il est obligé, sous les peines portées

contre le crime de détention arbitraire, de les renvoyer par-devant l'officier de police, dans le délai de deux jours, pour procéder suivant les lois.

146. Le directoire nomme les généraux en chef; il ne peut les choisir parmi les parents ou alliés de ses membres, dans les degrés exprimés par l'art. 139.

147. Il surveille et assure l'exécution des lois dans les administrations et tribunaux, par des commissaires à sa nomination.

148. Il nomme hors de son sein les ministres, et les révoque lorsqu'il le juge convenable.

Il ne peut les choisir au-dessous de l'âge de trente ans, ni parmi les parents ou alliés de ses membres, aux degrés énoncés dans l'art. 139.

149. Les ministres correspondent immédiatement avec les autorités qui leur sont subordonnées.

150. Le corps législatif détermine les attributions et le nombre de ses ministres. Ce nombre est de six au moins et de huit au plus.

151. Les ministres ne forment point un conseil.

152. Les ministres sont respectivement responsables tant de l'inexécution des lois que de l'inexécution des arrêtés du directoire.

153. Le directoire nomme le receveur des impositions directes de chaque département.

154. Il nomme des préposés en chef aux régies des contributions indirectes et à l'administration des domaines nationaux.

155. Tous les fonctionnaires publics dans les colonies françaises, excepté les départements des lles de France et de la Réunion, seront nommés par le directoire jusqu'à la paix.

156. Le corps législatif peut autoriser le directoire à envoyer dans toutes les colonies françaises, suivant l'exigence des cas, un ou plusieurs agents particuliers nommés par lui pour un temps limité.

Les agents particuliers exerceront les mêmes fonctions que le directoire, et lui seront subordonnés.

157. Aucun membre du directoire ne peut sortir du territoire de la République que deux ans après la cessation de ses fonctions.

158. Il est tenu, pendant cet intervalle, de justifier au corps législatif de sa résidence.

L'article 112 et les suivants, jusqu'à l'article 123 inclusivement, relatifs à la garantie du corps législatif, sont communs aux membres du directoire.

159. Dans le cas où plus de deux membres du directoire seraient mis en jugement, le corps législatif pourvoira, dans les formes ordinaires, à leur remplacement provisoire durant le jugement.

160. Hors les cas des articles 119 et 120, le directoire, ni aucun de ses membres, ne peut être appelé, ni par le conseil des cinq cents, ni par le conseil des anciens.

161. Les comptes et les éclaircissements demandés par l'un ou l'autre conseil au directoire, sont fournis par écrit.

162. Le directoire est tenu, chaque année, de présenter, par écrit, à l'un et à l'autre conseil, l'aperçu des dépenses, la situation des finances, l'état des pensions existantes, ainsi que le projet de celles qu'il croit convenable d'établir.

Il doit indiquer les abus qui sont à sa connaissance.

163. Le directoire peut en tout temps inviter, par écrit, le conseil des cinq cents à prendre un objet en considération, il peut lui proposer des mesures, mais non des projets rédigés en forme de lois.

164. Aucun membre du directoire ne peut s'absenter plus de cinq jours, ni s'éloigner au-delà de quatre myriamètres (huit lieues moyennes) du lieu de la résidence du directoire, sans l'autorisation du corps législatif.

165. Les membres du directoire ne peuvent paraître, dans l'exercice de leurs fonctions, soit au dehors, soit dans l'intérieur de leurs maisons, que revêtus du costume qui leur est propre.

166. Le directoire a sa garde habituelle, et soldée aux frais de la république,

cette garde est composée de cent vingt hommes à pied et de cent vingt hommes à cheval.

167. Le directoire est accompagné de sa garde dans les cérémonies et marches publiques, où il a toujours le premier rang.

168. Chaque membre du directoire se fait accompagner au dehors de deux gardes.

169. Tout poste de force armée doit au directoire et à chacun de ses membres les honneurs militaires supérieurs.

170. Le directoire a quatre messagers d'État, qu'il nomme et qu'il peut destituer.

Ils portent aux deux corps législatifs les lettres et les mémoires du directoire : ils ont entrée à cet effet dans le lieu des séances des conseils législatifs.

Ils marchent précédés de deux huissiers.

171. Le directoire réside dans la même commune que le corps législatif.

172. Les membres du directoire sont logés aux frais de la République, et dans un même édifice.

173. Le traitement de chacun d'eux est fixé, pour chaque année, à la valeur de cinquante mille myriagrammes de froment (10,222 quintaux).

TITRE VII.

CORPS ADMINISTRATIFS ET MUNICIPAUX.

174. Il y a dans chaque département une administration centrale, et dans chaque canton une administration municipale au moins.

175. Tout membre d'une administration départementale ou municipale doit être âgé de vingt-cinq ans au moins.

176. L'ascendant et le descendant en ligne directe, les frères, l'oncle et le neveu, et les alliés aux mêmes degrés, ne peuvent simultanément être membres de la même administration, ni s'y succéder qu'après un intervalle de deux ans.

177. Chaque administration de département est composée de cinq membres ; elle est renouvelée par cinquième tous les ans.

178. Toute commune, dont la population s'élève depuis cinq mille habitants jusqu'à cent mille, a pour elle seule une administration municipale.

179. Il y a en chaque commune, dont la population est inférieure à cinq mille habitants un agent municipal et un adjoint.

180. La réunion des agents municipaux de chaque commune forme la municipalité de canton.

181. Il y a de plus un président de l'administration municipale choisi dans tout le canton.

182. Dans les communes dont la population s'élève de cinq à dix mille habitants, il y a cinq officiers municipaux ;

Sept, depuis dix mille jusqu'à cinquante mille ;

Neuf, depuis cinquante mille jusqu'à cent mille.

183. Dans les communes dont la population excède cent mille habitants, il y a au moins trois administrations municipales.

Dans ces communes, la division de ces municipalités se fait de manière que la population de l'arrondissement de chacune n'excède pas cinquante mille individus et ne soit pas moindre de trente mille.

La municipalité de chaque arrondissement est composée de sept membres.

184. Il y a dans les communes divisées en plusieurs municipalités un bureau central pour les objets jugés indivisibles par le corps législatif.

Ce bureau est composé de trois membres nommés par l'administration de département et confirmés par le pouvoir exécutif.

185. Les membres de toute administration municipale sont nommés pour deux ans, et renouvelés chaque année par moitié ou par partie la plus appro-

ximative de la moitié, et alternativement par la fraction la plus forte et par la fraction la plus faible.

186. Les administrateurs de département et les membres des administrations municipales peuvent être réélus une fois sans intervalle.

187. Tout citoyen qui a été deux fois de suite élu administrateur de département ou membre d'une administration municipale, et qui en a rempli les fonctions en vertu de l'une et de l'autre élection, ne peut être élu de nouveau qu'après un intervalle de deux années.

188. Dans le cas où une administration départementale ou municipale perdrait un ou plusieurs de ses membres par mort, démission, ou autrement, les administrateurs restant peuvent s'adjoindre, en remplacement, des administrateurs temporaires, et qui exercent en cette qualité jusqu'aux élections suivantes.

189. Les administrations départementales et municipales ne peuvent modifier les actes du corps législatif, ni ceux du directoire exécutif, ni en suspendre l'exécution.

Elles ne peuvent s'immiscer dans les objets dépendant de l'ordre judiciaire.

190. Les administrateurs sont essentiellement chargés de la répartition des contributions directes et de la surveillance des deniers provenant des revenus publics dans leur territoire.

Le corps législatif détermine les règles et le mode de leurs fonctions, tant sur ces objets que sur les autres parties de l'administration intérieure.

191. Le directoire exécutif nomme, auprès de chaque administration départementale et municipale, un commissaire qu'il révoque lorsqu'il le juge convenable.

Ce commissaire surveille et requiert l'exécution des lois.

192. Le commissaire près de chaque administration locale doit être pris parmi les citoyens domiciliés depuis un an dans le département où cette administration est établie.

Il doit être âgé de vingt-cinq ans au moins.

193. Les administrations municipales sont subordonnées aux administrations de départements, et celles-ci aux ministres.

En conséquence, les ministres peuvent annuler, chacun dans sa partie, les actes des administrations de département, et celles-ci les actes des administrations municipales, lorsque ces actes sont contraires aux lois ou aux ordres des autorités supérieures.

194. Les ministres peuvent aussi suspendre les administrateurs de département qui ont contrevenu aux lois ou aux ordres des autorités supérieures, et les administrations de département ont le même droit à l'égard de membres des administrations municipales.

195. Aucune suspension ni annulation ne devient définitive sans la confirmation formelle du directoire exécutif.

196. Le directoire peut aussi annuler immédiatement les actes des administrations départementales ou municipales.

Il peut suspendre ou destituer immédiatement, lorsqu'il le croit nécessaire, les administrateurs, soit de département, soit de canton, et les envoyer devant les tribunaux de département, lorsqu'il y a lieu.

197. Tout arrêté portant cassation d'actes, suspension ou destitution d'administrateurs, doit être motivé.

198. Lorsque les cinq membres d'une administration départementale sont destitués, le directoire exécutif pourvoit à leur remplacement jusqu'à l'élection suivante; mais il ne peut choisir leurs suppléants provisoires que parmi les anciens administrateurs du même département.

199. Les administrations, soit de département, soit de canton, ne peuvent correspondre entre elles que sur les affaires qui leur sont attribuées par la loi, et non sur les intérêts généraux de la République.

200. Toute administration doit annuellement le compte de sa gestion.

Les comptes rendus par les administrations départementales sont imprimés.

201. Tous les actes des corps administratifs sont rendus publics par le dépôt du registre où ils sont consignés, et qui est ouvert à tous les administrés.

Ce registre est clos tous les six mois, et n'est déposé que du jour qu'il a été clos.

Le corps législatif peut proroger, selon les circonstances, le délai fixé pour ce dépôt.

TITRE VIII.

POUVOIR JUDICIAIRE.

Dispositions générales.

202. Les fonctions judiciaires ne peuvent être exercées, ni par le corps législatif, ni par le pouvoir exécutif.

203. Les juges ne peuvent s'immiscer dans l'exercice du pouvoir législatif, ni faire aucun règlement.

Ils ne peuvent arrêter ou suspendre l'exécution d'aucune loi, ni citer devant eux les administrateurs pour raison de leurs fonctions.

204. Nul ne peut être distrait des juges que la loi lui assigne, par aucune commission, ni par d'autres attributions que celles qui sont déterminées par une loi antérieure.

205. La justice est rendue gratuitement.

206. Les juges ne peuvent être destitués que par forfaiture légalement jugée, ni suspendus que par une accusation admise.

207. L'ascendant et le descendant en ligne directe, les frères, l'oncle et le neveu, les cousins au premier degré, et les alliés à ces divers degrés, ne peuvent être simultanément membres du même tribunal.

208. Les séances des tribunaux sont publiques; les juges délibèrent en secret; les jugements sont prononcés à haute voix; ils sont motivés, et on y énonce les termes de la loi appliquée.

209. Nul citoyen, s'il n'a l'âge de trente ans accomplis, ne peut être élu juge d'un tribunal de département, ni juge de paix, ni assesseur de juge de paix, ni juge d'un tribunal de commerce, ni membre du tribunal de commerce, ni membre du tribunal de cassation, ni juré, ni commissaire du directoire exécutif près les tribunaux.

De la justice civile.

210. Il ne peut être porté atteinte au droit de faire prononcer sur les différends par des arbitres du choix des parties.

211. La décision de ces arbitres est sans appel et sans recours en cassation, si les parties ne l'ont expressément réservé.

212. Il y a dans chaque arrondissement déterminé par la loi un juge de paix et ses assesseurs.

Ils sont tous élus pour deux ans, et peuvent être immédiatement et indéfiniment réélus.

213. La loi détermine les objets dont les juges de paix et leurs assesseurs connaissent en dernier ressort.

Elle leur en attribue d'autres qu'ils jugent à la charge de l'appel.

214. Il y a des tribunaux particuliers pour le commerce de terre et de mer; la loi détermine les lieux où il est utile de les établir.

Leur pouvoir de juger en dernier ressort ne peut être étendu au-delà de la valeur de 500 myriagrammes de froment (102 quintaux 22 livres).

215. Les affaires dont le jugement n'appartient ni aux juges de paix ni aux tribunaux de commerce, soit en dernier ressort, soit à la charge d'appel, sont portées immédiatement devant le juge de paix et ses assesseurs pour être conciliées.

Si le juge de paix ne peut les concilier, il les renvoie devant le tribunal civil.

216. Il y a un tribunal civil par département.

Chaque tribunal civil est composé de vingt juges au moins, d'un commissaire et d'un substitut nommés et destituables par le directoire exécutif, et un greffier.

Tous les cinq ans on procède à l'élection de tous les membres du tribunal.
Les juges peuvent toujours être réélus.

217. Lors des élections des juges, il est nommé cinq suppléants, dont trois sont pris parmi les citoyens résidant dans la commune où siége le tribunal.

218. Le tribunal civil prononce en dernier ressort, dans les cas déterminés par la loi, sur les appels des jugements, soit des juges de paix, soit des arbitres, soit des tribunaux de commerce.

219. L'appel des jugements prononcés par le tribunal civil se porte au tribunal civil de l'un des trois départements les plus voisins, ainsi qu'il est déterminé par la loi.

220. Le tribunal civil se divise en sections.
Une section ne peut juger au-dessous du nombre de cinq juges.

221. Les juges, réunis dans chaque tribunal, nomment entre eux, au scrutin secret, le président de chaque section.

De la justice correctionnelle et criminelle.

222. Nul ne peut être saisi que pour être conduit devant l'officier de police; et nul ne peut être mis en arrestation ou détenu qu'en vertu d'un mandat d'arrêt des officiers de police, ou du directoire exécutif dans le cas de l'article 145, ou d'une ordonnance de prise de corps, soit d'un tribunal, soit du directeur du jury d'accusation, ou d'un décret d'accusation du corps législatif, dans le cas où il lui appartient de la prononcer, ou d'un jugement de condamnation à la prison ou détention correctionnelle.

223. Pour que l'acte qui ordonne l'arrestation puisse être exécuté, il faut :

1° Qu'il exprime formellement le motif de l'arrestation, et la loi en conformité de laquelle elle est ordonnée ;

2° Qu'il ait été notifié à celui qui en est l'objet, et qu'il lui en ait été laissé copie.

224. Toute personne saisie et conduite devant l'officier de police sera examinée sur le champ ou dans le jour au plus tard.

225. S'il résulte de l'examen qu'il n'y a aucun sujet d'inculpation contre elle, elle sera remise aussitôt en liberté; ou, s'il y a lieu de l'envoyer à la maison d'arrêt, elle y sera conduite dans le plus bref délai, qui, en aucun cas, ne pourra excéder trois jours.

226. Nulle personne arrêtée ne peut être retenue, si elle donne caution suffisante, dans tous les cas où la loi permet de rester libre sous le cautionnement.

227. Nulle personne, dans le cas où sa détention est autorisée par la loi, ne peut être conduite ou détenue que dans les lieux légalement et publiquement désignés pour servir de maison d'arrêt, de maison de justice ou de maison de détention.

228. Nul gardien ou geôlier ne peut recevoir ni retenir aucune personne qu'en vertu d'un mandat d'arrêt, selon les formes prescrites par les articles 222 et 223, d'une ordonnance de prise de corps, d'un décret d'accusation, ou d'un jugement de condamnation à prison ou détention correctionnelle, et sans que la transcription en ait été faite sur son registre.

229. Tout gardien ou geôlier est tenu, sans qu'aucun ordre puisse l'en dispenser, de représenter la personne détenue à l'officier civil ayant la police de la maison de détention, toutes les fois qu'il en sera requis par cet officier.

230. La représentation de la personne détenue ne pourra être refusée à ses parents et amis porteurs de l'ordre de l'officier civil, lequel sera toujours tenu de l'accorder, à moins que le gardien ou geôlier ne représente une ordonnance du juge, transcrite sur son registre, pour tenir la personne arrêtée au secret.

231. Tout homme, quelle que soit sa place ou son emploi, autre que ceux à qui la loi donne le droit d'arrestation, qui donnera, signera, exécutera ou fera

exécuter l'ordre d'arrêter un individu ; ou quiconque, même dans le cas d'arrestation autorisée par la loi, conduira, recevra ou retiendra un individu dans un lieu de détention non publiquement et légalement désigné ; et tous les gardiens ou geôliers qui contreviendront aux dispositions des trois articles précédents, seront coupables de crime de détention arbitraire.

232. Toutes rigueurs employées dans les arrestations, détentions ou exécutions, autres que celles prescrites par la loi, sont des crimes.

233. Il y a dans chaque département, pour le jugement des délits dont la peine n'est ni afflictive ni infamante, trois tribunaux correctionnels au moins, et six au plus.

Ces tribunaux ne pourront prononcer de peine plus grave que l'emprisonnement pour deux années.

La connaissance des délits dont la peine n'excède pas, soit la valeur de trois journées de travail, soit un emprisonnement de trois jours, est déléguée au juge de paix, qui prononce en dernier ressort.

234. Chaque tribunal correctionnel est composé d'un président, de deux juges de paix ou assesseurs de juges de paix de la commune où il est établi, d'un commissaire du pouvoir exécutif, nommé et destituable par le directoire exécutif, et d'un greffier.

235. Le président de chaque tribunal correctionnel est pris tous les six mois, et par tour, parmi les membres des sections du tribunal civil du département, les présidents exceptés.

236. Il y a appel des jugements du tribunal correctionnel par-devant le tribunal criminel du département.

237. En matière de délits emportant peine afflictive ou infamante, nulle personne ne peut être jugée que sur une accusation admise par les jurés, ou décrétée par le corps législatif, dans le cas où il lui appartient de décréter d'accusation.

238. Un premier jury déclare si l'accusation doit être admise ou rejetée : le fait est reconnu par un second jury, et la peine déterminée par la loi est appliquée par des tribunaux criminels.

239. Les jurés ne votent que par scrutin secret.

240. Il y a dans chaque département autant de jurys d'accusation que de tribunaux correctionnels.

Les présidents des tribunaux correctionnels en sont les directeurs, chacun dans son arrondissement.

Dans les communes au-dessus de cinquante mille âmes, il pourra être établi par la loi, outre le président du tribunal correctionnel, autant de directeurs de jurys d'accusation que l'expédition des affaires l'exigera.

241. Les fonctions de commissaire du pouvoir exécutif et de greffier près le directeur du jury d'accusation sont remplies par le commissaire et par le greffier du tribunal correctionnel.

242. Chaque directeur du jury d'accusation a la surveillance immédiate de tous les officiers de police de son arrondissement.

243. Le directeur du jury poursuit immédiatement, comme officier de police, sur les dénonciations que lui fait l'accusateur public, soit d'office, soit d'après les ordres du directoire exécutif :

1° Les attentats contre la liberté ou la sûreté individuelle des citoyens ;

2° Ceux commis contre le droit des gens ;

3° La rébellion à l'exécution soit des jugements, soit de tous les actes exécutoires émanés des autorités constituées ;

4° Les troubles occasionnés et les voies de fait commises pour entraver la perception des contributions, la libre circulation des subsistances et des autres objets de commerce.

244. Il y a un tribunal criminel pour chaque département.

245. Le tribunal criminel est composé d'un président, d'un accusateur public,

de quatre juges pris dans le tribunal civil, du commissaire du pouvoir exécutif près le même tribunal, ou de son substitut, et d'un greffier.

Il y a dans le tribunal criminel du département de la Seine un vice-président et un substitut de l'accusateur public : ce tribunal est divisé en deux sections ; huit membres du tribunal civil y exercent les fonctions de juges.

246. Les présidents des sections du tribunal civil ne peuvent remplir les fonctions de juges au tribunal criminel.

247. Les autres juges y font le service, chacun à son tour, pendant six mois, dans l'ordre de leur nomination, et ils ne peuvent pendant ce temps exercer aucune fonction au tribunal civil.

248. L'accusateur public est chargé :

1° De poursuivre les délits sur les actes d'accusation admis par les premiers jurés;

2° De transmettre aux officiers de police les dénonciations qui lui sont adressées directement;

3° De surveiller les officiers de police du département, et d'agir contre eux suivant la loi, en cas de négligence ou de faits plus graves.

249. Le commissaire du pouvoir exécutif est chargé :

1° De requérir, dans le cours de l'instruction, pour la régularité des formes, et avant le jugement, pour l'application de la loi;

2° De poursuivre l'exécution des jugements rendus par le tribunal criminel.

250. Les juges ne peuvent proposer aux jurés aucune question complexe.

251. Le jury de jugement est de douze jurés au moins; l'accusé a la faculté d'en récuser, sans donner de motifs, un nombre que la loi détermine.

252. L'instruction devant le jury de jugement est publique, et l'on ne peut refuser aux accusés le secours d'un conseil qu'ils ont la faculté de choisir, ou qui leur est nommé d'office.

253. Toute personne acquittée par un jury légal ne peut plus être reprise ni accusée pour le même fait.

Du Tribunal de Cassation.

254. Il y a pour toute la République un tribunal de cassation.

Il prononce:

1° Sur les demandes en cassation contre les jugements en dernier ressort rendus par les tribunaux;

2° Sur les demandes en renvoi d'un tribunal à un autre, pour cause de suspicion légitime ou de sûreté publique;

3° Sur les règlements de juges et les prises à partie contre un tribunal entier.

255. Le tribunal de cassation ne peut jamais connaître du fond des affaires ; mais il casse les jugements rendus sur des procédures dans lesquelles les formes ont été violées, ou qui contiennent quelque contravention expresse à la loi, et il renvoie le fond du procès au tribunal qui doit en connaître.

256. Lorsqu'après une cassation le second jugement sur le fond est attaqué par les mêmes moyens que le premier, la question ne peut plus être agitée au tribunal de cassation, sans avoir été soumise au corps législatif, qui porte une loi à laquelle le tribunal de cassation est tenu de se conformer.

257. Chaque année le tribunal de cassation est tenu d'envoyer à chacune des sections du corps législatif une députation qui lui présente l'état des jugements rendus, avec la notice en marge, et le texte de la loi qui a déterminé le jugement.

258. Le nombre des juges du tribunal de cassation ne peut excéder les trois quarts du nombre des départements.

259. Ce tribunal est renouvelé par cinquième tous les ans.

Les assemblées électorales des départements nomment successivement et alternativement les juges qui doivent remplacer ceux qui sortent du tribunal de cassation.

Les juges de ce tribunal peuvent toujours être réélus.

260. Chaque juge du tribunal de cassation a un suppléant élu par la même assemblée électorale.

261. Il y a près du tribunal de cassation un commissaire et des substituts, nommés et destituables par le directoire exécutif.

262. Le directoire exécutif dénonce au tribunal de cassation, par la voie de son commissaire, et sans préjudice du droit des parties intéressées, les actes par lesquels les juges ont excédé leurs pouvoirs.

263. Le tribunal annulle ces actes; et s'ils donnent lieu à la forfaiture, le fai est dénoncé au corps législatif, qui rend le décret d'accusation, après avoir entendu ou appelé les prévenus.

264. Le corps législatif ne peut annuler les jugements du tribunal de cassation, sauf à poursuivre personnellement les juges qui auraient encouru la orfaiture.

Haute-Cour de Justice.

265. Il y a une haute-cour de justice pour juger les accusations admises par le corps législatif, soit contre ses propres membres, soit contre ceux du directoire exécutif.

266. La haute-cour de justice est composée de cinq juges et de deux accusateurs nationaux tirés du tribunal de cassation, et de haut-jurés nommés par les assemblées électorales des départements.

267. La haute-cour de justice ne se forme qu'en vertu d'une proclamtion du corps législatif, rédigée et publiée par le conseil des cinq cents.

268. Elle se forme et tient ses séances dans le lieu désigné par la proclamation du conseil des cinq-cents.

Ce lieu ne peut être plus près qu'à douze myriamètres de celui où réside le corps législatif.

269. Lorsque le corps législatif a proclamé la formation de la haute-cour de justice, le tribunal de cassation tire au sort quinze de ses membres dans une séance publique; il nomme de suite, dans la même séance, par la voie du scrutin secret, cinq de ces quinze; les cinq juges ainsi nommés sont les juges de la haute-cour de justice : ils choisissent entre eux un président

270. Le tribunal de cassation nomme dans la même séance, par scrutin, à la majorité absolue, deux de ses membres, pour remplir à la hautecour de justice les fonctions d'accusateurs nationaux.

271. Les actes d'accusation sont dressés et rédigés par le conseil des cinq cents.

272. Les assemblées électorales de chaque département nomnent, tous les ans, un juré pour la haute-cour de justice.

273. Le directoire exécutif fait imprimer et publier, un mois après l'époque des élections, la liste des jurés nommés pour la haute-cour de justice.

TITRE IX.

DE LA FORCE ARMÉE.

274. La force armée est instituée pour défendre l'Etat contre les ennemis du dehors, et pour assurer au-dedans le maintien de l'ordre et l'exécution des lois.

275. La force publique est essentiellement obéissante : nul corps armé ne peut délibérer.

276. Elle se distingue en garde nationale sédentaire et garde nationale en activité.

De la Garde nationale sédentaire.

277. La garde nationale sédentaire est composée de tous les citoyens et fils de citoyens en état de porter les armes.

278. Son organisation et sa discipline sont les mêmes pour toute la République; elles sont déterminées par la loi.

279. Aucun Français ne peut exercer les droits de citoyen, s'il n'est inscrit au rôle de la garde nationale sédentaire.

280. Les distinctions de grade et subordination n'y subsistent que relativement au service, et pendant sa durée.

281. Les officiers de la garde nationale sédentaire sont élus à temps par les citoyens qui la composent, et ne peuvent être réélus qu'après un intervalle.

282. Le commandement de la garde nationale d'un département entier ne peut être confié habituellement à un seul citoyen.

283. S'il est jugé nécessaire de rassembler toute la garde nationale d'un département, le directoire exécutif peut nommer un commandant temporaire.

284. Le commandement de la garde nationale sédentaire, dans une ville de cent mille habitants et au-dessus, ne peut être habituellement confié à un seul homme.

De la Garde nationale en activité.

285. La République entretient à sa solde, même en temps de paix, sous le nom de gardes nationales en activité, une armée de terre et de mer.

286. L'armée se forme par enrôlement volontaire, et en cas de besoin, par le mode que la loi détermine.

287. Aucun étranger qui n'a point acquis les droits de citoyen français ne peut être admis dans les armées françaises, à moins qu'il n'ait fait une ou plusieurs campagnes pour l'établissement de la république.

288. Les commandants ou chefs de terre et de mer ne sont nommés qu'en cas de guerre; ils reçoivent du directoire exécutif des commissions révocables à volonté. La durée de ces commissions se borne à une campagne; mais elles peuvent être continuées.

289. Le commandement général des armées de la République ne peut être confié à un seul homme.

290. L'armée de terre et de mer est soumise à des lois particulières pour la discipline, la forme des jugements et la nature des peines.

291. Aucune partie de la garde nationale sédentaire, ni de la garde nationale en activité, ne peut agir pour le service intérieur de la République, que sur la réquisition par écrit de l'autorité civile, dans les formes prescrites par la loi.

292. La force publique ne peut être requise par les autorités civiles que dans l'étendue de leur territoire; elle ne peut se transporter d'un canton dans un autre, sans y être autorisée par l'administration de département, ni d'un département dans un autre sans les ordres du directoire exécutif.

293. Néanmoins le corps législatif détermine les moyens d'assurer par la force publique l'exécution des jugements et la poursuite des accusés sur tout le territoire français.

294. En cas de dangers imminents, l'administration municipale d'un canton peut requérir la garde nationale des cantons voisins; en ce cas, l'administration qui a requis, et les chefs des gardes nationales qui ont été requises, sont également tenus d'en rendre compte au même instant à l'administration départementale.

295. Aucune troupe étrangère ne peut être introduite sur le territoire français, sans le consentement préalable du corps législatif.

TITRE X.

INSTRUCTION PUBLIQUE.

296. Il y a, dans la République, des écoles primaires où les élèves apprennent à lire, à écrire, les éléments du calcul et ceux de la morale. La République pourvoit aux frais du logement des instituteurs préposés à ces écoles.

297. Il y a, dans les diverses parties de la République, des écoles supérieures aux écoles primaires, et dont le nombre sera tel, qu'il y en ait au moins une pour deux départements.

298. Il y a, pour toute la République, un institut national chargé de recueillir les découvertes, de perfectionner les arts et les sciences.

299. Les divers établissements d'instruction publique n'ont entre eux aucun rapport de subordination, ni de correspondance administrative.

300. Les citoyens ont le droit de former des établissements particuliers d'éducation et d'instruction, ainsi que des sociétés libres, pour concourir au progrès des sciences, des lettres et des arts.

301. Il sera établi des fêtes nationales pour entretenir la fraternité entre les citoyens, et les attacher à la constitution, à la patrie et aux lois.

TITRE XI.

FINANCES.

Contributions.

302. Les contributions publiques sont délibérées et fixées chaque année par le corps législatif. A lui seul appartient d'en établir. Elles ne peuvent subsister au-delà d'un an, si elles ne sont expressément renouvelées.

303. Le corps législatif peut créer tel genre de contribution qu'il croira nécessaire ; mais il doit établir chaque année une imposition foncière et une imposition personnelle.

304. Tout individu qui, n'étant pas dans le cas des articles 12 et 13 de la constitution, n'a pas été compris au rôle des contributions directes, a le droit de se présenter à l'administration municipale de sa commune, et de s'y inscrire pour une contribution personnelle égale à la valeur locale de trois journées de travail agricole.

305. L'inscription mentionnée dans l'article précédent ne peut se faire que durant le mois de messidor de chaque année.

306. Les contributions de toute nature sont réparties entre tous les contribuables, à raison de leurs facultés.

307. Le directoire exécutif dirige et surveille la perception et le versement des contributions, et donne à cet effet tous les ordres nécessaires.

308. Les comptes détaillés de la dépense des ministres, signés et certifiés par eux, sont rendus publics au commencement de chaque année.

Il en sera de même des états de recette des diverses contributions, et de tous les revenus publics.

309. Les états de ces dépenses et recettes sont distingués suivant leur nature ; ils expriment les sommes touchées et dépensées, année par année, dans chaque partie d'administration générale.

310. Sont également publiés les comptes des dépenses particulières aux départements, et relatives aux tribunaux, aux administrations, aux progrès des sciences, à tous les travaux et établissements publics.

311. Les administrations de départements et les municipalités ne peuvent faire aucune répartition au-delà des sommes fixées par le corps législatif, ni délibérer ou permettre, sans être autorisées par lui, aucun emprunt local à la charge des citoyens du département, de la commune ou du canton.

312. Au corps législatif seul appartient le droit de régler la fabrication et l'émission de toute espèce de monnaies, d'en fixer la valeur et le poids, et d'en déterminer le type.

313. Le directoire surveille la fabrication des monnaies, et nomme les officiers chargés d'exercer immédiatement cette inspection.

314. Le corps législatif détermine les contributions des colonies et leurs rapports commerciaux avec la métropole.

Trésorerie nationale et Comptabilité.

315. Il y a cinq commissaires de la trésorerie nationale, élus par le conseil des anciens, sur une liste triple présentée par celui des cinq cents.

316. La durée de leurs fonctions est de cinq années ; l'un d'eux est renouvelé tous les ans, et peut être réélu sans intervalle et indéfiniment.

317. Les commissaires de la trésorerie sont chargés de surveiller la recette de tous les deniers nationaux ;

D'ordonner les mouvements de fonds et le payement de toutes les dépenses publiques consenties par le corps législatif ;

De tenir un compte ouvert de dépense et de recette avec le receveur des contributions directes de chaque département, avec les différentes régies nationales, et avec les payeurs qui seraient établis dans les départements ;

D'entretenir avec lesdits receveurs et payeurs, avec les régies et administrations, la correspondance nécessaire pour assurer la rentrée exacte et régulière des fonds.

318. Ils ne peuvent rien faire payer, sous peine de forfaiture, qu'en vertu,

1° D'un décret du corps législatif, et jusqu'à concurrence des fonds décrétés par lui sur chaque objet ;

2° D'une décision du directoire ;

3° De la signature du ministre qui ordonne la dépense.

319. Ils ne peuvent aussi, sous peine de forfaiture, approuver aucun payement, si le mandat, signé par le ministre que ce genre de dépense concerne, n'énonce pas la date tant de la décision du pouvoir exécutif, que des décrets du corps législatif qui autorisent le payement.

320. Les receveurs des contributions directes dans chaque département, les différentes régies nationales, et les payeurs dans les départements, renvoient à la trésorerie nationale leurs comptes respectifs : la trésorerie les vérifie et les arrête.

321. Il y a cinq commissaires de la comptabilité nationale, élus par le corps législatif, aux mêmes époques et selon les mêmes formes et conditions que les commissaires de la trésorerie.

322. Le compte général des Recettes et des dépenses de la république, appuyé des comptes particuliers et des pièces justificatives, est présenté par les commissaires de la trésorerie aux commissaires de la comptabilité, qui le vérifient et l'arrêtent.

323. Les commissaires de la comptabilité donnent connaissance au corps législatif des abus, malversations, et de tous les cas de responsabilité qu'ils découvrent dans le cours de leurs opérations ; ils proposent dans leur partie les mesures convenables aux intérêts de la République.

324. Le résultat des comptes arrêtés par les commissaires de la comptabilité est imprimé et rendu public.

325. Les commissaires, tant de la trésorerie nationale que de la comptabilité, ne peuvent être suspendus ni destitués que par le corps législatif.

Mais, durant l'ajournement du corps législatif, le directoire exécutif peut suspendre et remplacer provisoirement les commissaires de la trésorerie nationale au nombre de deux au plus, à charge d'en référer à l'un et à l'autre conseil du corps législatif aussitôt qu'ils ont repris leurs séances.

TITRE XII.

RELATIONS EXTÉRIEURES.

326. La guerre ne peut être décidée que par un décret du corps législatif sur la proposition formelle et nécessaire du directoire exécutif.

327. Les deux conseils législatifs concourent, dans les formes ordinaires, au décret par lequel la guerre est décidée.

328. En cas d'hostilités imminentes ou commencées, de menaces ou de préparatifs de guerre contre la République française, le directoire exécutif est tenu d'employer, pour la défense de l'État, les moyens mis à sa disposition, à la charge d'en prévenir sans délai le corps législatif.

Il peut même indiquer, en ce cas, les augmentations de forces et les nouvelles dispositions législatives que les circonstances pourraient exiger.

329. Le directoire seul peut entretenir des relations politiques au dehors, conduire les négociations, distribuer les forces de terre et de mer, ainsi qu'il le jugera convenable, et en régler la direction en cas de guerre.

330. Il est autorisé à faire les stipulations préliminaires, telles que des armistices, des neutralisations; il peut arrêter aussi des conventions secrètes.

331. Le directoire exécutif arrête, signe ou fait signer avec les puissances étrangères tous les traités de paix, d'alliance, de trève, de neutralité, de commerce et autres conventions qu'il juge nécessaire au bien de l'Etat.

Ces traités et conventions sont négociés, au nom de la République française, par des agents diplomatiques nommés par le directoire exécutif et chargés de ses instructions.

332. Dans le cas où un traité renferme des articles secrets, les dispositions de ces articles ne peuvent être destructives des articles patents, ni contenir aucune aliénation du directoire de la République.

333. Les traités ne sont valables qu'après avoir été examinés et ratifiés par le corps législatif; néanmoins les conditions secrètes peuvent recevoir provisoirement leur exécution dès l'instant même où elles sont arrêtées par le directoire.

334. L'un et l'autre conseils législatifs ne délibèrent sur la guerre ni sur la paix, qu'en comité général.

335. Des étrangers, établis ou non en France, succèdent à leurs parents étrangers ou Français; ils peuvent contracter, acquérir et recevoir des biens situés en France, et en disposer, de même que les citoyens français, par tous les moyens autorisés par les lois.

TITRE XIII.

RÉVISION DE LA CONSTITUTION.

336. Si l'expérience faisait sentir les inconvénients de quelques articles de la constitution, le conseil des anciens en proposerait la révision.

337. La proposition du conseil des anciens est, en ce cas, soumise à la ratification du conseil des cinq cents.

338. Lorsque, dans un espace de neuf années, la proposition du conseil des anciens, ratifiée par le conseil des cinq cents, a été faite à trois époques éloignées l'une de l'autre de trois années au moins, une assemblée de révision est convoquée.

339. Cette assemblée est formée de deux membres par département, tous élus de la même manière que les membres du corps législatif, et réunissant les mêmes conditions que celles exigées par le conseil des anciens.

340. Le conseil des cinq cents désigne, pour la réunion de l'assemblée de révision, un lieu distant de vingt myriamètres au moins de celui où siège le corps législatif.

341. L'assemblée de révision a le droit de changer le lieu de sa résidence, en observant la distance prescrite par l'article précédent.

342. L'assemblée de révision n'exerce aucune fonction législative ni de gouvernement; elle se borne à la révision des seuls articles constitutionnels qui lui ont été désignés par le corps législatif.

343. Tous les articles de la constitution, sans exception, continuent d'être en vigueur tant que les changements proposés par l'assemblée de révision n'ont pas été acceptés par le peuple.

344. Les membres de l'assemblée de révision délibèrent en commun.

345. Les citoyens qui sont membres du corps législatif, au moment où une assemblée de révision est convoquée, ne peuvent être élus membres de cette assemblée.

346. L'assemblée de révision adresse immédiatement aux assemblées primaires le projet de réforme qu'elle a adopté.

Elle est dissoute dès que ce projet leur a été adressé.

547. En aucun cas, la durée de l'assemblée de révision ne peut excéder trois mois.

348. Les membres de l'assemblée de révision ne peuvent être recherchés, accusés ni jugés, en aucun temps, pour ce qu'ils ont dit et écrit dans l'exercice de leurs fonctions.

Pendant la durée de ces fonctions, ils ne peuvent être mis en jugement, si ce n'est par une décision des membres mêmes de l'assemblée de révision.

349. L'assemblée de révision n'assiste à aucune cérémonie publique ; ses membres reçoivent la même indemnité que celle des membres du corps législatif.

350. L'assemblée de révision a le droit d'exercer ou de faire exercer la police dans la commune où elle réside.

TITRE XIV.

DISPOSITIONS GÉNÉRALES.

351. Il n'existe entre les citoyens d'autre supériorité que celle des fonctionnaires publics, et relativement à l'exercice de leurs fonctions.

552. La loi ne reconnaît ni vœux religieux, ni aucun engagement contraire aux droits naturels de l'homme.

353. Nul ne peut être empêché de dire, écrire, imprimer et publier sa pensée.

Les écrits ne peuvent être soumis à aucune censure avant leur publication.

Nul ne peut être responsable de ce qu'il a écrit ou publié que dans les cas prévus par la loi.

354. Nul ne peut être empêché d'exercer, en se conformant aux lois, le culte qu'il a choisi.

Nul ne peut être forcé de contribuer aux dépenses d'aucun culte. La République n'en salarie aucun.

355. Il n'y a ni privilège, ni maîtrise, ni jurande, ni limitation à la liberté de la presse, du commerce, et à l'exercice de l'industrie et des arts de toute espèce.

Toute loi prohibitive en ce genre, quand les circonstances la rendent nécessaire, est essentiellement provisoire, et n'a d'effet que pendant un an au plus, à moins qu'elle ne soit formellement renouvelée.

356. La loi surveille particulièrement les professions qui intéressent les mœurs publiques, la sûreté et la santé des citoyens ; mais on ne peut faire dépendre l'admission à l'exercice de ces professions d'aucune prestation pécuniaire.

357. La loi doit pourvoir à la récompense des inventeurs ou au maintien de propriété exclusive de leurs découvertes ou de leurs productions.

558. La constitution garantit l'inviolabilité de toutes les propriétés, ou la juste indemnité de celles dont la nécessité publique, légalement constatée, exigerait le sacrifice.

359. La maison de chaque citoyen est un asile inviolable : pendant la nuit, nul n'a le droit d'y entrer que dans les cas d'incendie, d'inondation, ou de réclamation venant de l'intérieur de la maison.

Pendant le jour, on peut y exécuter les ordres des autorités constituées.

Aucune visite domiciliaire ne peut avoir lieu qu'en vertu d'une loi, et pour la personne ou l'objet expressément désigné dans l'acte qui ordonne la visite.

560. Il ne peut être formé de corporations ni d'associations contraires à l'ordre public.

561. Aucune assemblée de citoyens ne peut se qualifier société populaire.

562. Aucune société particulière, s'occupant de questions politiques, ne peut correspondre avec aucune autre, ni s'affilier à elle, ni tenir des séances publi-

ques, composées de sociétaires et d'assistants distingués les uns des autres, ni imposer des conditions d'admission et d'éligibilité, ni s'arroger des droits d'exclusion, ni faire porter à ses membres aucun signe extérieur de leur association.

363. Les citoyens ne peuvent exercer leurs droits politiques que dans les assemblées primaires et communales.

364. Tous les citoyens sont libres d'adresser aux autorités publiques des pétitions, mais elles doivent être individuelles ; nulle association ne peut en présenter de collectives, si ce n'est les autorités constituées, et seulement pour des objets propres à leur attribution.

Les pétitionnaires ne doivent jamais oublier le respect dû aux autorités constituées.

365. Tout attroupement armé est un attentat à la constitution ; il doit être dissipé sur-le-champ par la force.

366. Tout attroupement non armé doit être également dissipé, d'abord par voie de commandement verbal, et, s'il est nécessaire, par le développement de la force armée.

367. Plusieurs autorités constituées ne peuvent jamais se réunir pour délibérer ensemble ; aucun acte émané d'une telle réunion ne peut être exécuté.

368. Nul ne peut porter de marques distinctives qui rappellent des fonctions antérieurement exercées, ou des services rendus.

369. Les membres du corps législatif, et tous les fonctionnaires publics, portent, dans l'exercice de leurs fonctions, le costume ou le signe de l'autorité dont ils sont revêtus : la loi en détermine la forme.

370. Nul citoyen ne peut renoncer, ni en tout ni en partie, à l'indemnité ou au traitement qui lui est attribué par la loi, à raison de fonctions publiques.

371. Il y a dans la République uniformité de poids et de mesures.

372. L'ère française commence au 22 septembre 1792, jour de la fondation de la République.

373. La nation française déclare qu'en aucun cas elle ne souffrira le retour des Français qui, ayant abandonné leur patrie depuis le 15 juillet 1789, ne sont pas compris dans les exceptions portées aux lois rendues contre les émigrés ; et elle interdit au corps législatif de créer de nouvelles exceptions sur ce point.

Les biens des émigrés sont irrévocablement acquis au profit de la République.

374. La nation française proclame pareillement, comme garantie de la foi publique, qu'après une adjudication légalement consommée de biens nationaux, quelle qu'en soit l'origine, l'acquéreur légitime ne peut en être dépossédé, sauf aux tiers réclamants à être, s'il y a lieu, indemnisés par le trésor national.

375. Aucun des pouvoirs institués par la constitution n'a le droit de la changer dans son ensemble ni dans aucune de ses parties, sauf les réformes qui pourront y être faites par la voie de la révision, conformément aux dispositions du titre XIII.

376. Les citoyens se rappelleront sans cesse que c'est de la sagesse des choix dans les assemblées primaires et électorales que dépendent principalement la durée, la conservation et la prospérité de la République.

377. Le peuple français remet le dépôt de la présente constitution à la fidélité du corps législatif, du directoire exécutif, des administrateurs et des juges ; à la vigilance des pères de famille, aux épouses et aux mères ; à l'affection des jeunes citoyens, au courage de tous les Français.